버핏2배랩의
천장 바닥 매매 비법

이 책의 판권은 ㈜베가북스가 소유합니다. 저작권법에 따라 보호받는 저작물이므로 무단 전재와 복제를 금합니다. 이 책의 전부 또는 일부를 이용하거나 유튜브 동영상, 오디오북, 요약자료 등으로 생성 및 유포할 때도 반드시 사전에 ㈜베가북스의 서면 동의를 받아야 합니다. 더 자세한 사항은 ㈜베가북스로 문의 부탁드립니다.

홈페이지 | www.vegabooks.co.kr **이메일** | info@vegabooks.co.kr
블로그 | http://blog.naver.com/vegabooks
인스타그램 | @vegabooks **페이스북** | @VegaBooksCo

버핏2배랩의
천장 바닥 매매 비법

한스(장환철) 지음

VegaBooks

조선·기계·금속·도장 처리 제조업을 운영하며 겪어온 수요 흐름이 이 책의 경기 순환, 키친 사이클 이론과 놀라울 정도로 정확히 들어맞았다. 이를 통해 사업을 확장하고 부의 반열에 오르는 전환점을 만들 수 있었다. 경제 흐름을 꿰뚫는 통찰과 실전 전략이 담긴 이 책은, 경영자와 투자자 모두가 반드시 읽어야 할 지침서라 할 수 있다.

_리오기업 대표 이샘물

4년간 이 필자의 콘텐트를 지켜본 독자로서 추천하자면, 이 책은 시행착오를 줄이고 공부하면서 성장하고 싶은 투자자를 위한 책이다. 투자는 결국 크게 잃지 않고, 사이클을 읽으며 살아남는 싸움이다. 맹신 대신 공부, 속도보다 방향을 고민하는 투자자에게 지속 가능한 투자 마인드와 실전 중심의 프레임을 제공한다.

_투자자산운용사 현우현

2021년부터 지금까지 이 책의 툴을 연구하고 발전시키는 빌드업 과정을 지켜봐왔다. 이 책에서 공개한 계단식 계산법이나 사이클 분석법은 실전에서 더 효과적인 투자 툴이다. 그 비법이 세상에 공개됐으니 이제 독자는 그것을 잘 활용하여 투자에 접목시킬 일만 남았다.

_증권사 출신 전업 트레이더 정윤식

프롤로그

이 책을 쓰게 된 계기는 리먼 쇼크 때 겪은 참혹한 주식 투자 실패 경험 때문이라고 할 수 있다. 리먼 쇼크 전까지 주가는 장기간 우상향을 지켜왔고 경제도 좋았다. 또 돈에 여유도 있었기 때문에 다른 사람들과 함께 나도 뒤늦게 주식 투자를 시작했다. 하지만 한동안 잘 오르던 주가가 리먼 쇼크를 전후로 1년 넘게 폭락했다. 빚투까지 했던 상황이라 손실이 컸다. 스트레스로 5년은 늙은 듯했다. 그 후로는 빚투를 절대 하지 않게 됐다.

 이런 대폭락 후에 주가가 오른다는 것은 대부분 직감적으로 알게 된다. 그러나 투자할 돈이 없었다. 적은 돈으로 바닥에서 매수한 종목이 4배 이상 오르는 것을 경험하고 시드 크기가 중요하다는 것을 느꼈다. 기회가 왔는데도 투자할 시드가 없었다.

"리먼 쇼크의 진바닥 때 돈을 보전할 수 있는 방법이 없을까?"

분명 주가가 장기간 폭락했는데 폭락 직전까지 그 이유를 몰랐다. 그래서 이유가 알고 싶어졌다. 이유만 알면 진바닥 때도 시드를 충분히 보전하고 주식 투자도 잘할 수 있을 것 같았다. 오랜 배움 끝에 경기의 '회복-상승-정체-침체'를 반복하는 경기 사이클이 그 킹핀이 될 수 있다는 것을 알게 되었다.

그러나 시중의 경기 사이클은 낡고, 부정확하고, 업데이트되지 않고 있었다. 정확한 경기 사이클을 찾다가 일본 경기순환학회 부회장 시마나카 씨의 경기 사이클 이론을 접하게 되었다. 그의 책을 다 섭렵한 뒤, 시마나카 씨가 경기 사이클을 더 이상 업데이트해주지 않는다는 사실을 알게 되었다. 그래서 생각했다.

'내가 직접 계산할 수 없을까?'

그의 책을 읽고 또 읽고 논문도 뒤지면서 작은 힌트들을 모아 결국 경기 사이클을 계산할 수 있게 됐다. 심지어 시마나카 씨보다 더 정확하게 계산한다는 자부심까지 생겼다. 그 계산이 가능했던 것은 수십 년간 쌓아온 나만의 데이터 분석 지식 덕분이었다. 내가 본업으로 사용하는 데이터 분석 관련 툴만 수십 종이 넘었고 그 경험 덕분에 경기 사이클 계산을 할 수 있었다. 다만 이것을 알았다고 선물이

나 옵션 투기에 활용하면 결국 망할 거라는 사실을 본능적으로 알았다. 그래서 비교적 안전한 투자에만 활용하기로 마음을 굳혔다.

그렇지만 인간의 욕심은 한이 없다. 욕심 때문에 매도 시기를 놓쳐 투자에 실패한다. 이것을 극복하려면 주식 매수, 매도법에 대한 구체적인 매뉴얼이 필요하다는 것을 알았다. 그래서 계단식 계산법 같은 구체적이면서 기계적으로 매매할 수 있는 매매법까지 만들게 되었다.

이 세상은 '올웨더 투자법' 같은 바람직한 기법을 많이 말한다. 그러나 이런 투자법도 결국 인간의 욕심과 감정에 여전히 휘둘리게 만든다. 구체적으로 언제, 어떻게 매매하라는 기계적인 가이드가 부족한 것이다. 그 해법 중 하나를 이 책에서 제시하고자 한다. 경기 사이클 분석과 구체적인 매매 비법은 투자자를 위한 구체적인 실행 기준이 되어줄 것이다.

앞으로 인플레이션, 부채 등 다양한 지표를 사이클에 활용 가능한지도 도전할 것이다. 경기가 무너지면 대개 환율, 물가, 소비 등이 변곡점을 맞게 된다. 이런 것을 보면 역시 경기 사이클이 주가 천장 바닥 잡기의 킹핀인 것이 맞다.

MMT 양적 무한 완화 시대 이후 인위적인 유동성 장세도 경기 사이클에 버금가게 중요해졌다. 그러나 이것도 부처님 손바닥 안, 모두 경기 사이클 안에 있다. 브루스 리는 다음과 같이 말했다.

"만 가지 발차기를 한 번씩 연습한 사람은 전혀 두렵지 않다.
정말 두려운 건 한 가지 발차기를 만 번 연습한 사람이다."

나는 경기 사이클 한 가지를 만 번 연습하는 것을 목표로 하고 실제로 그래왔다. 진정한 프로가 세상을 바꾸고, 천재가 수십만 명을 먹여 살린다. 버핏2배랩의 경기 사이클은 세상을 바꿀 수 있는 분석이라 자부한다.

고객 만족에만 집중해서 성공했던 Dropbox처럼 오늘도 주가 터닝 포인트의 킹핀으로 작용하는 경기 사이클에 선택과 집중을 계속할 것이다. 이 책을 섭렵하면 2022년, 2023년 대부분 전문가들이 주가 예측에 실패한 이유를 알게 될 것이다. 그리고 내가 어떻게 주가 예측에 성공했는지도 알 수 있을 것이다.

미래의 4차 산업 섹터 사이클이 언제까지 지속 가능한지도 본문에 적어놓았다. AI, 비트코인 등 혁신 경기 사이클에 대한 생각을 정리했다. 약 2034년까지 콘드라티예프 사이클 상승기가 있다. 이때까지 잘 투자해서 모두 경제적 독립을 이룰 수 있길 바란다.

_한스 (장환철)

한스(장환철)

증권 전문가들이 보는 〈버핏2배랩〉 운영자
일본의 매크로 분석을 섭렵한 사이클 전문가
대기업 출신 빅데이터 분석가
2022년 주가 천장과 바닥을 모두 잡은 투자자

실제 경제 데이터를 계산하여 주가의 천장과 바닥을 예측하는 분석가다. 전문가들도 불가능하다는 주가 진천장과 진바닥을 실제로 모두 잡았다. 일본 경기순환학회 부회장 시마나카 씨의 일본 저서 등을 섭렵하고 수십 년간 대기업에서 습득한 데이터 분석 지식과 빅데이터 전공 지식을 합하여 실제 경제 데이터를 입력한 정확도 높은 경기 사이클을 직접 계산하고 있다. 2021년 여름에 깨침을 얻은 이후로 진천장과 진바닥을 계속 잡아내고 있다. 그 과정을 네이버 프리미엄콘텐츠 〈버핏2배랩〉에 공유하고 있다.

〈버핏2배랩〉에 인증된 필자의 투자 이력

- 2022년 1월 6일 S&P500 진천장 매도 선언
- 2021년 11월 비트코인 진천장이 왔음을 경고
- 2022년 10월 1일 엔비디아 매수 선언
- 2022년 10월 13일 S&P500/나스닥 진바닥 매수 선언
- 2022년 11월경 비트코인 매수 시기 미리 예상
- 2023년 12월 키움증권 해외정규전 TOP 100
- 2024년 12월 키움증권 영웅 결정전 상금 천만 원 수상

목차

추천사 **004**
프롤로그 **006**

1장 — 천장 바닥 잡는 주가 전망

- 주가 전망, 왜 전문가들도 실패할까? **020**
- 키친·주글라 사이클로 판단하기 **028**
- ISM의 제조업 PMI로 판단하기 **037**
- 장단기 금리 역전으로 판단하기 **040**
- OECD G20 CLI로 판단하기 **043**
- 사와카미 투자법으로 판단하기 **048**

2장 천장 바닥 잡는 경기 사이클

- 키친 사이클　052
- 주글라 사이클　056
- 쿠즈네츠 사이클　058
- 콘드라티예프 사이클　062
- 복합 경기 사이클　065
- 한센 사이클　067
- 부채 사이클　076
- 한·미·중의 경기 사이클이 중요한 이유　079
- 한·미·중 키친 사이클 비교　081
- 한·미·중 주글라 사이클 비교　084
- 미국 방산·우주 주글라 사이클　087
- 한국 조선 주글라 사이클　089
  - **Key Point** 누적성과 가역성　091

3장 주가 천장 바닥 잡기

- ◆ 주가 천장 바닥 잡는 기본 원리   **096**
- ◆ MACD 활용법 노하우   **100**
- ◆ 계단식 계산법   **103**
- ◆ 사이클을 활용한 계단식 계산법   **112**
- ◆ 다이버전스 매매법   **116**
- ◆ -3% 폭락 후 익절 매매법   **121**
- ◆ 키친 사이클 천장 매매법   **123**
- ◆ 전월 대비 재고량 매매법   **124**
- ◆ 선행 지수 매매법   **126**

    Key Point 022년 S&P500 진바닥 잡기 노하우   **138**

4장 코인 천장 바닥 잡기

- 낙폭 과다 종목에 투자하는 기본 원리 — 152
- 비트코인의 반감기와 키친 사이클 — 156
- 비트코인 천장 잡기 — 160
- 계단식 상승법과 개미 유인 폭등 — 164
- 비트코인 바닥 잡기 — 167
- 비트코인 관련주 매매법 — 171
- 비트코인 채굴 대장주 매매법 — 175
- 이더리움 매매법 — 178
- 솔라나 매매법 — 180
- **Key Point** 비트코인이 오르면 이더리움도 오를까? — 182

5장 개별주·위험주·레버리지 천장 바닥 잡기

- 엔비디아, 마이크로소프트 매매법 — 188
- 삼성전자 매매법 — 190
- 양자컴퓨터 관련 주식 매매법 — 193
- TQQQ 매매법 — 196

6장 버핏2배랩의 핵심 투자 노트

- 주가 천장 잡기에 샴의 법칙을 사용하지 않는 이유 — 202
- 정배열·역배열 장기 투자 노하우 — 205
- 대형 유동성 투입 후 최대 몇십 년간 불장 — 207
- 금이 비트코인의 선행 지표인 가설 — 210
- 장기 우상향 중인 자산을 보여주는 지표 — 212
- 가까운 미래에 기회가 두 번은 더 있다 — 214
- 외생설과 엘니뇨 주기 및 태양 흑점 주기 — 217
    - **Key Point** 테슬라 장기 전망 — 219

7장 버핏2배랩의 우상향하는 투자 원칙

- 어떤 원칙과 방법으로 투자해야 할까?   230
- 매수와 매도는 터닝 포인트 때 해라   235
- 천장과 바닥은 키친 사이클이 안다   244
- 기본 투자 모델   251
- 실전 투자 모델   253
- 유망 투자 종목 총정리   256
- 불경기 때 오르는 달러 ETF   258
- 경기 사이클 주요 터닝 포인트   259

에필로그   262

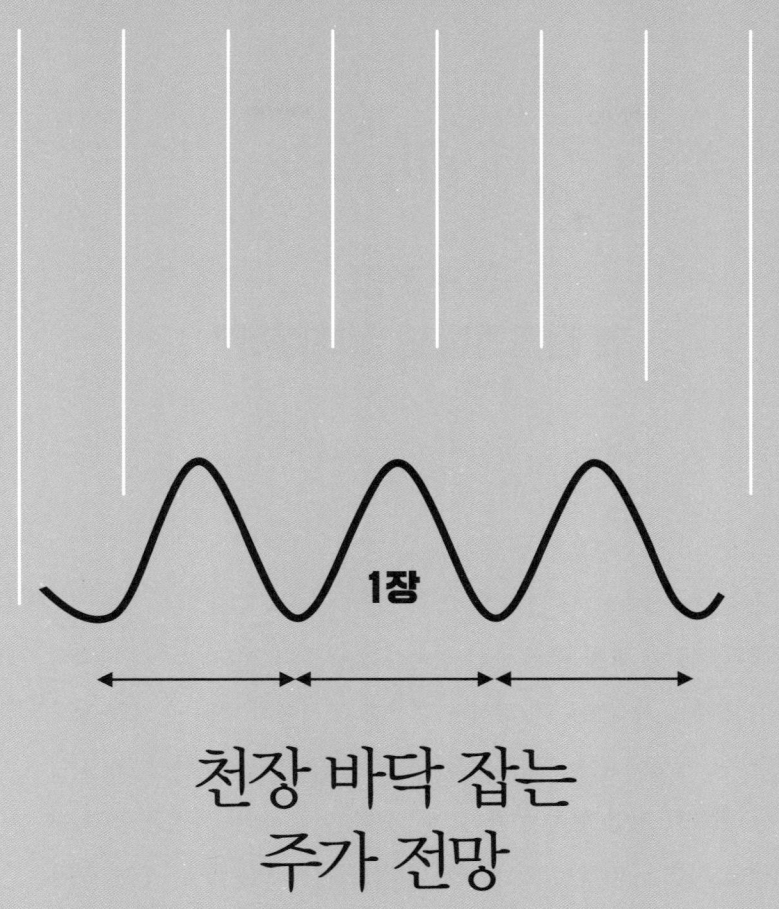

1장

천장 바닥 잡는 주가 전망

주가 전망,
왜 전문가들도 실패할까?

국내외 저명한 경제 증권 관련 전문가들 다수가 2023년 주가 하락과 경기 침체를 예상했었다. 당시는 대부분 부정론자밖에 안 보일 정도였다. 한 예로 모건스탠리 수석 이코노미스트는 주가가 하락할 것이라는 이유로 기업 실적 둔화를 언급했다. 어떤 국내 유명한 증권 전문가는 기준 금리 인상이 끝나고 인하가 시작되면 몇 달 안에 주가가 폭포수처럼 폭락할 것이라고 말하기도 했다. 결과는 틀린 것으로 드러났다.

왜 수많은 전문가들은 그때의 주가 방향을 반대로 예상했을까? 필자가 그들과 다르게 2022년 10월 13일 미국 주식 인덱스 진바닥을 선언하고 그 후의 주가 우상향을 예측할 수 있었던 까닭은 무엇이었을까? 필자가 그 사람들보다 지식이 뛰어나다고 생각하지는 않는다. 다만 특정 분야에 대한 깊은 분석력, 즉 경기 사이클에 대한 깨침 덕분에 그 차이가 나타났다고 본다.

주가 방향과 경기 우상향을 바르게 예측한 근거를 정리하면 다음과 같다. 먼저 경기 사이클을 직접 계산하여 금리 상승 속임수에 속지 않았다는 것이다.

MMT 전후의 경기 사이클 비교

MMT 전				MMT 후			
2000년 전후		2008년 전후		2018년 전후		2022년~2024년	
기준 금리 상승 시 주가 상승	기준 금리 하락 시 주가 하락	기준 금리 상승 시 주가 상승	기준 금리 하락 시 주가 하락	기준 금리 상승 시 주가 하락	기준 금리 하락 시 주가 상승	기준 금리 상승 시 주가 하락	기준 금리 하락 시 주가 상승

리먼 쇼크 위기 탈출을 위해 미국은 달러 공급을 실시하여 통화 유동성을 크게 늘렸다. 즉 리스크를 감수하고 MMT(Modern Monetary Theory, 현대 화폐 이론)를 본격적으로 실행한 것이다. MMT란 기축통화국은 화폐 발행을 통해 정부 부채를 부담 없이 늘릴 수 있고 공공 지출을 증가시켜도 부작용 없이 경제를 긍정적으로 향상시킬 수 있다는 이론이다.

미국 연준의 총자산

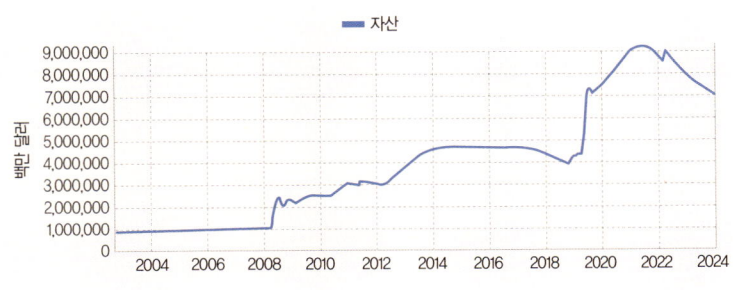

출처: FRED

그 후 미국 통화량은 3조 달러 이상 늘었고 이것이 기업 투자로도 흘러들어가서 미국 경제는 장기 호황을 맞았다. 2020년 코로나 때는 5조 달러 이상 유동성을 공급한 후 인플레이션에 시달리게 되었다. 2022년부터 미국이 기준 금리를 급하게 올린 이유는 예전처럼 경제 과열로 인한 인플레이션 발생 때문이라기보다 통화량 급증에 의한 단기적 인플레이션 폭등 때문이었다. 이후 공급망 병목 현상이 인플레이션을 더 부추겼다는 것이 판명되었다. 즉 금리를 올린 2022년이 과거와 달리 경기 호황 시기가 아니었다는 것이다. 다음 표를 보자.

미국 키친 사이클 정리

천장	바닥	천장 - 천장 갭
2007.6	2005.9	-
2010.11	2009.3	3년 5개월
2014.6	2012.7	3년 7개월
2018.6	2016.8	4년
2021.12	2020.3	3년 6개월

당시 미국 키친 사이클 고점을 2021년 12월로 계산했는데, 미국 연준이 기준 금리를 2022년 3월부터 인상했다. 그리고 그 몇 달 전부터 금리를 인상할 것이라고 예고했다. 경기 사이클 하락과 기준 금리 인상이라는 두 악재가 겹쳐서 2022년에 주가가 급락하게 된 것이다.

이는 과거 경기 상승과 기준 금리 인상 시 나타났던 주가 상승 패턴과는 달랐다. 2022년 키친 사이클 하락 시기에 주가는 하락했고, 2022년 3월부터의 기준 금리 인상이 불난 집에 기름을 부었다.

📊 미국 연준의 기준 금리 변화

출처: FRED

또한 필자가 2022년 10월부터 주가 우상향을 맞힐 수 있었던 이유로 주가는 '선행 지수'라는 개념에 있다. 즉 주가는 일반적으로 경기 지표에 앞서 미리 반영된다. 다음 자료를 보면 2022년 초에 미국 기업 재고량이 전월 대비 피크인 것을 확인할 수 있다.

📊 미국 기업 재고

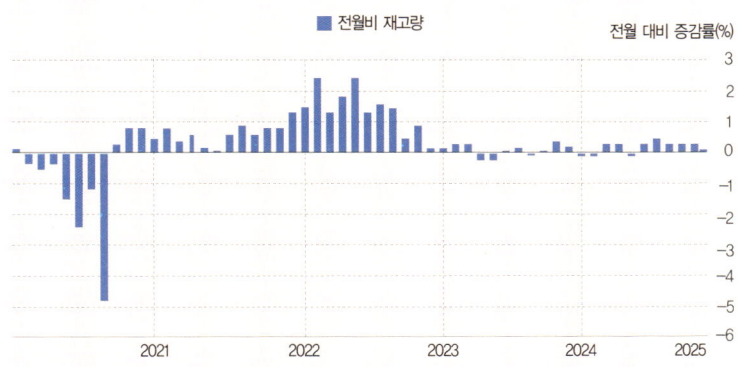

출처: 인베스팅닷컴

2022년 말에 미국 재고량이 현격히 줄어서 선행 지수인 주가가 미리 상승할 수 있다고 판단할 수 있다. 이때 금리는 페이크일 뿐이다. 즉 과거에는 주로 경기가 과열되서 금리를 올렸다. 호경기로 주가가 오른 것이지 고금리 때문에 오른 것은 아니었다. 그래서 2023년과 2024년에 금리를 올린다고 주가가 폭락하지 않는다는 것을 일찌감치 예상하고 주가 우상향을 계속 주장했던 것이다. 즉 주가는 경기에 큰 영향을 받고 또한 선행적으로 움직인다.

2023년~2024년 시장 전망으로 모건스탠리 마이클 윌슨은 다음과 같은 주장을 남겼다.

마이클 윌슨의 주요 발언

- 2022년 12월 20일
  S&P500 1분기 중 3000p~3300p로 -25% 급락할 수 있음.

- 2023년 1월 10일
  S&P500 -22% 추가 하락 가능성.

- 2023년 2월 21일
  주식시장 죽음의 지대 진입.

- 2023년 3월 7일
  죽음의 지대가 아닌 단기 랠리. 결국 20% 전후 하락할 것.

- 2023년 5월 16일
  부채 한도 대치는 다 지는 게임, 변동성 클 것.

- 2023년 5월 23일
  미 증시 곧 시들해질 듯, 최근 상승 패닉 바잉.

- 2023년 6월 13일
  연준이 다시 약세장 불러올 것, 연말 3900p로 하락 전망.

하지만 주가는 꺾이지 않고 계속 상승했다. 어떻게 기업 실적은 꺾이지 않고 호전할 수 있었을까? 첫 번째 이유는 화폐 발행분이 기업 투자에 많이 흘러갔다는 점을 들 수 있다. 1차~2차 세계대전과 오일 쇼크 때 미국은 불황 탈출을 위해 화폐 유동성 공급을 택했다. 그 후 미국 경제가 십 년 이상 장기 호황을 맞았었다. 이와 같이 리먼 쇼크와 코로나 사태 때의 유동성 공급이 기업으로 흘러들어가서 기술혁신을 하는 등 실적을 내는 데 영향을 끼쳤다.

두 번째 이유는 인플레이션 대비 금리가 리먼 쇼크 직전보다 낮았기 때문에 미국 기업이 버틸 수 있었다. 다음 그래프를 보자.

📊 **미국 10년 만기 국채 실질 금리**

출처: FRED

2%대 미국 10년 만기 국채의 실질 금리는 리먼 쇼크 전 수준보다 낮다. 만약 고금리였다면 기업 수익을 압박하여 훨씬 위험했을 것이다. 다행히 연준의 엘리트들은 이를 알고 2023년 7월에 기준 금리를

동결했고 2024년 9월부터 금리를 급격히 인하하기 시작했다. 결국 필자가 주가의 흐름을 맞힐 수 있었던 이유는 금리가 오르면 주가가 오르고 금리가 내리면 주가가 내린다는 과거의 낡은 패턴에 대한 선입견에서 탈피한 덕분이었다.

차트 방향성으로 주가 방향을 예측할 수도 있다. 다음 나스닥 주봉 차트를 보자.

📊 **나스닥 주봉 차트와 200주 이동평균선**

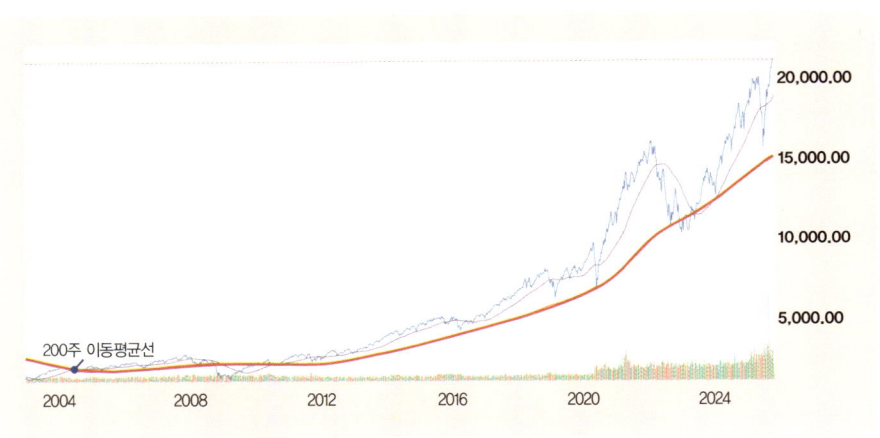

출처: 야후 파이낸스

200주 이동평균선(빨간색) 밑으로 하락한 주가는 주기적으로 다시 상승하는 것을 볼 수 있다. 이는 3년~4년 주기의 키친 사이클 주기와 유사하다(200주 이동평균선은 약 4년에 해당하여 키친 사이클 기간과 유사하다). 그래서 200주 이동평균선 아래까지 주가가 하락했다면 키친 사이클에 의해 주가가 다시 장기 상승할 가능성이 크다.

예를 들어 2022년처럼 주가가 폭락하여 200주 이동평균선보다 밑에 있다면 2023년과 2024년은 주가가 우상향할 확률이 높다는 것을 예측할 수 있다. 이렇게 주가란 한 번 방향을 잡으면 장기로 상승하는 습성이 있다. 이런 근거로도 주가 우상향을 예측할 수 있다.

나스닥 일봉 차트와 정배열·역배열

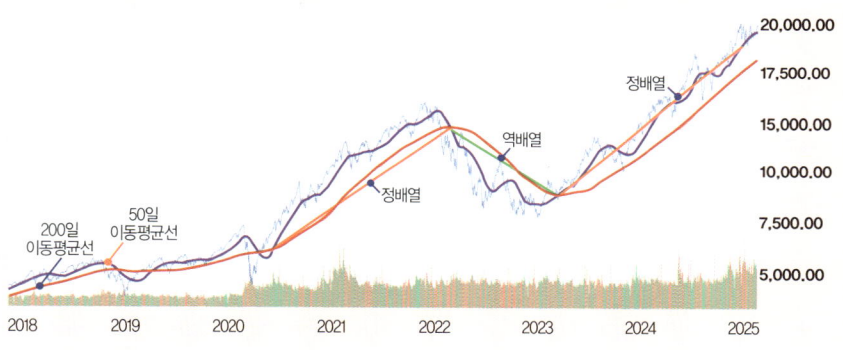

출처: 야후 파이낸스

일봉으로 보면 상승기에는 50일 이동평균선(보라색)이 200일 이동평균선(빨간색) 위에 있다. 보통 장기 주가 상승 시기에 나타나는 현상이다. 이를 정배열이라고 한다. 즉 2023년 2024년은 정배열이었고 주가 장기 우상향 시기에 해당된다. 반대의 경우는 역배열이라고 하며 2022년이 이 시기에 해당했다. 이처럼 주가의 방향 전망은 경기 사이클과 관련이 깊다.

키친·주글라 사이클로
판단하기

사실 일반인들은 주가가 장기 우상향인지 우하향인지 잘 구분하지 못한다. 그때 다음과 같은 방법으로 주가의 향방을 판단할 수 있다. 바로 재고량 변화, 키친 사이클이다.

📊 **미국 산업 재고량**

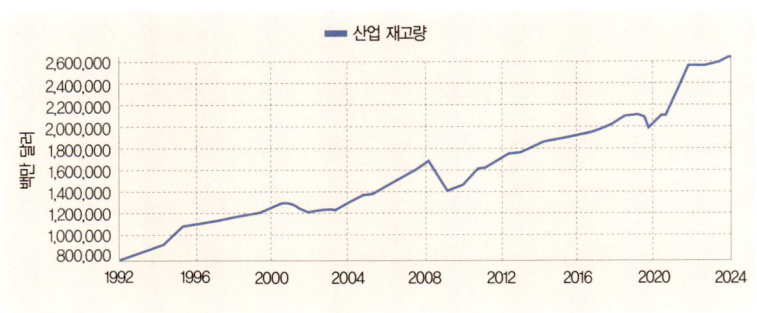

출처: FRED

기업 재고는 제조업, 도·소매 부문 미판매 재고 제품 액수의 변동을 측정한 수치다. 생산에는 시간이 필요하다. 이런 수요와 공급의 시차 때문에 발생한다고 보면 된다. 일본 우라가미 구니오의 증시 사계절론, 즉 '금융장세-실적장세-역금융장세-역실적장세'도 재고 사이클과 관련이 있다. 금리는 인플레이션으로 왜곡되었으나 가령 2024년은 실적 장세라 할 수 있다.

나스닥과 미국 키친·주글라 사이클의 상관관계

나스닥 천장 시기 (큰 변동 시기만)	재고량 하락부터 나스닥 천장까지 경과	미국 키친 사이클 천장 시기	미국 주글라 사이클 천장 시기
2021.11.19	8개월	2022.1	–
2018.8.29	5개월	2018.6	2016.1
2007.10.31	7개월	2007.6	2007.1

2020-2021 나스닥과 전월 대비 기업 재고량 사이의 상관관계

2017-2018 나스닥과 전월 대비 기업 재고량 사이의 상관관계

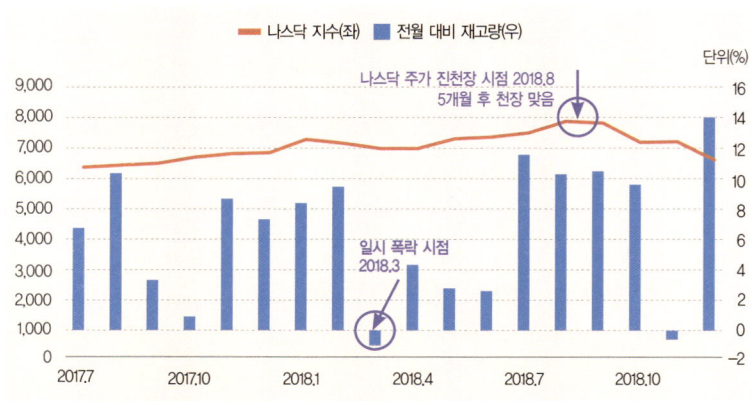

2006-2008 나스닥과 전월 대비 기업 재고량 사이의 상관관계

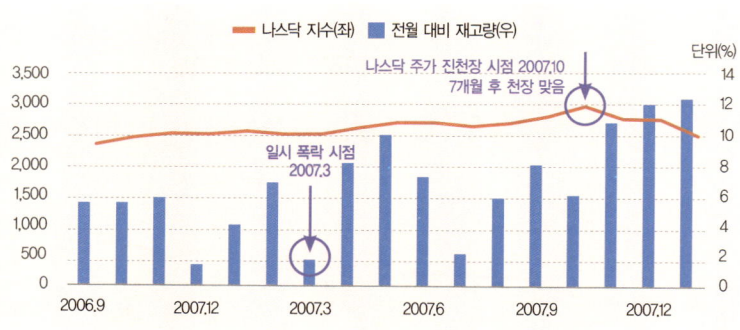

주가 우상향 시 전월비 재고량이 일시 폭락할 때부터 카운트하여 약 5개월~8개월 후에 나스닥 시세가 천장을 맞았었다. 일시 폭락량은 전월비 재고량 약 2% 이하 기준으로 키친 사이클과 주글라 사이클 천장 시기를 참조하여 카운트를 시작한다.

주가 대폭락 시기는 대체로 주글라 사이클 폭락을 함께 수반한다. 단 2022년 폭락의 경우는 주글라 하락은 없었으나 인플레이션으로 인한 미국 기준 금리 급인상이라는 주글라 하락에 버금가는 악재 이벤트가 있어 큰 변동 시기로 포함시켰다. 그 외 키친 단독 하락 때는 주가 변동이 비교적 약해서 제외했다.

2024-2025 재고량 전월비

날짜	재고량 전월비
2024-02-01	9.73
2024-03-01	-5.40
2024-04-01	6.55
2024-05-01	12.35
2024-06-01	8.13
2024-07-01	9.52
2024-08-01	8.12
2024-09-01	0.33
2024-10-01	3.54
2024-11-01	4.27
2024-12-01	-7.42
2025-01-01	8.16
2025-02-01	4.79

■ 하락 시기

2024년은 12월에 재고량이 적었다. 과거에는 5개월~8개월 이후에 주가 천장이 왔었다는 사실을 기억하자. 또 재고량으로 주가 우상향, 우하향 방향성을 알 수도 있다. 다음 표를 보면 전월비 재고량이 일시 폭락할 때부터 카운트하여 주가 천장 부근에서 재고량이 전월 대비 연속 폭등한다. 이처럼 대략 두 자릿수로 연속 폭등할 때가 천장 시기라고 볼 수 있다.

📊 나스닥과 미국 재고량의 상관관계

나스닥 천장 시기 (큰 변동 시기만)	나스닥 바닥 시기	미국 재고량 전월비 폭등 피크 시기	미국 재고량 전월비 연속 하락 시기
2021.11.19	2022.10.13	2021.10~2021.12	2023.1~2023.7
2018.8.29	2018.12.24	2018.7~2018.9	2019.9~2020.6
2007.10.31	2009.3.9	2007.11~2008.1	2008.9~2009.9

📊 나스닥 천장 시기 전후의 재고량 전월비

날짜	재고량 전월비	날짜	재고량 전월비	날짜	재고량 전월비
2007-11-01	10.41	2018-07-01	11.95	2021-10-01	32.15
2007-12-01	11.57	2018-08-01	10.64	2021-11-01	36.29
2008-01-01	11.92	2018-09-01	10.83	2021-12-01	54.82
2008-02-01	7.17	2018-10-01	9.94	2022-01-01	36.83
2008-03-01	0.77	2018-11-01	−0.61	2022-02-01	38.89
2008-04-01	6.47	2018-12-01	14.46	2022-03-01	47.94
2008-05-01	2.83	2019-01-01	14.40	2022-04-01	27.25
2008-06-01	9.40	2019-02-01	6.54	2022-05-01	39.46
2008-07-01	8.96	2019-03-01	0.02	2022-06-01	31.24
2008-08-01	3.45	2019-04-01	10.41	2022-07-01	14.40
2008-09-01	−10.48	2019-05-01	3.80	2022-08-01	17.82
2008-10-01	−14.52	2019-06-01	2.09	2022-09-01	1.84
2008-11-01	−16.12	2019-07-01	6.92	2022-10-01	7.31
2008-12-01	−32.36	2019-08-01	0.72	2022-11-01	4.44
2009-01-01	−17.80	2019-09-01	−1.77	2022-12-01	4.43
2009-02-01	−20.81	2019-10-01	0.61	2023-01-01	−2.13
2009-03-01	−20.90	2019-11-01	−0.79	2023-02-01	−3.25
2009-04-01	−18.48	2019-12-01	−2.10	2023-03-01	−1.42
2009-05-01	−15.34	2020-01-01	−6.56	2023-04-01	−1.63
2009-06-01	−17.87	2020-02-01	−11.59	2023-05-01	−2.99
2009-07-01	−15.99	2020-03-01	−8.81	2023-06-01	−2.91
2009-08-01	−16.91	2020-04-01	−27.90	2023-07-01	−3.10
2009-09-01	−6.29	2020-05-01	−47.29	–	–
–	–	2020-06-01	−23.36	–	–

■ 폭등 시기 ■ 하락 시기

즉 재고량 폭등 시기 전은 주가 우상향 시기로 볼 수 있고, 재고량 폭등 시기 후는 주가 우하향 시기로 볼 수 있다. 정리하면 재고량은 후행 지표고 주가는 선행 지수다. 선행 지수인 주가가 먼저 바닥을 찍고 이후에 재고량의 전월 대비 폭락이 멈춘다. 주식을 사려면 재고량이 전월 대비 폭락을 멈추기 전에 미리 매수해야 한다. 또 재고량의 폭등량 및 폭락량이 적은 시기는 주가 변동도 적었다. 이 시기는 장기 투자자라면 주식을 그냥 보유하고 있는 게 좋을 수도 있다.

키친 사이클과 주글라 사이클의 천장을 통해 주가 방향을 가늠할 수도 있다.

S&P500과 미국 키친·주글라 사이클의 천장 비교

S&P500 천장 시기	미국 키친 사이클 천장 시기	미국 주글라 사이클 천장 시기	키친 사이클 천장과 S&P500 천장의 기간 차이
2022.1.3	2022.1	–	0개월
2018.9.21	2018.6	2016.1	+3개월
2007.10.9	2007.6	2007.1	+4개월
2000.3.24	1999.5	1998.1	+10개월
1990.7.16	1990.11	1989.1	−4개월
1980.12.1	1981.1	1980.1	−1개월
1973.1.11	1973.3	1971.7	−2개월
1929.9.10	1929.8	1929.1	+1개월

나스닥과 미국 키친·주글라 사이클의 천장 비교

나스닥 천장 시기	미국 키친 사이클 천장 시기	미국 주글라 사이클 천장 시기	키친 사이클 천장과 나스닥 천장의 기간 차이
2021.11.19	2022.1	–	−2개월
2018.8.29	2018.6	2016.1	+2개월
2007.10.31	2007.6	2007.1	+4개월
2000.3.10	1999.5	1998.1	+10개월

키친 사이클 천장과 주가 천장의 기간 차이를 보면 S&P500은 '−4개월~+10개월' 사이, 나스닥은 '−2개월~+10개월' 사이에 천장을 맞았다. 나스닥은 S&P500 대비 약 2주~2개월 정도 빨리 천장을 맞았다. 변동성이 큰 성장주이므로 선행하여 천장을 맞는 경향이 있다.

2000년은 키친 천장보다 주가 천장 시기가 약 10개월 늦었다. 2000년경은 미국 정부가 이례적으로 재정 흑자를 기록한 시기였다. 이에 따라 2000년 3월에서 4월 사이, 미국 재무부는 바이백(국채 환매)을 통해 시중에 유통 중인 국채를 매입하며 시장에 유동성을 공급했다. 이로 인해 주식시장의 천장 시기가 다소 지연된 것으로 해석된다.

주글라 사이클과 비교하면 고점 이후 9개월에서 2년 사이에 주가 천장을 맞았다. 주글라 사이클 고점이 2025년 1월이라면 그 이후에 천장을 맞는다는 얘기가 된다.

이 내용만 알아도 주가 폭락 시기에 겪는 손실을 줄일 수 있다. 주가의 바닥은 키친 사이클과 주글라 사이클 등이 함께 하락하는 아주 큰 하락일 경우 키친 천장부터 2년 가까이 오랫동안 하락할 수 있다. 큰 하락일 경우 키친 천장에서 대략 1년 정도 주가가 하락한다. 작은 하락일 경우 약 반년 정도 주가가 하락한다.

사이클과 함께 앞에서 본 정배열과 역배열을 살펴보자. 키친 사이클 주기를 활용하면 일봉으로 정배열일 때 몇 년간 주가 상승이 이어질 수도 있다는 것을 예측할 수 있다. 50일 이동평균선, 200일 이동평균선, 200주 이동평균선을 통해 사이클과 주가의 관계를 분석해 보자.

나스닥 일봉 차트 - 정배열과 역배열

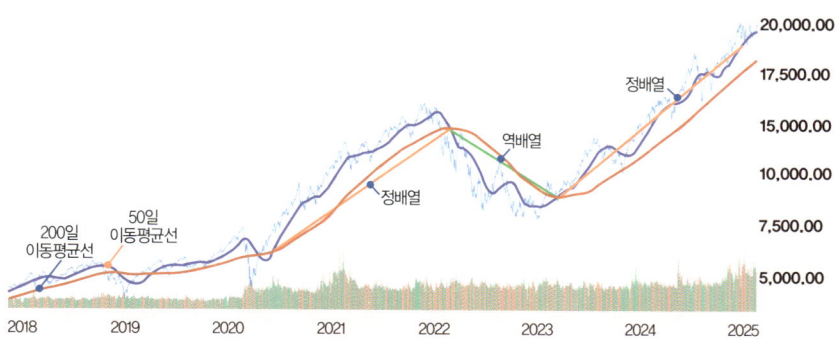

출처: 야후 파이낸스

　200일 이동평균선(빨간색) 위에 50일 이동평균선(보라색)이 위치하면 정배열이고 주가가 장기 상승할 수도 있다. 2020년~2021년, 2023년~2024년 구간이 정배열 주가 우상향 구간이다. 반대로 50일 이동평균선이 200일 이동평균선 아래로 내려오면 주가가 우하향 역배열이 될 수 있다. 2022년이 그 예다. 이처럼 3년~4년 주기의 키친 사이클 파도에 따라 주가가 반복적인 사이클 움직임을 보일 수 있다.

나스닥 주봉 차트 – 이동평균선과 바닥

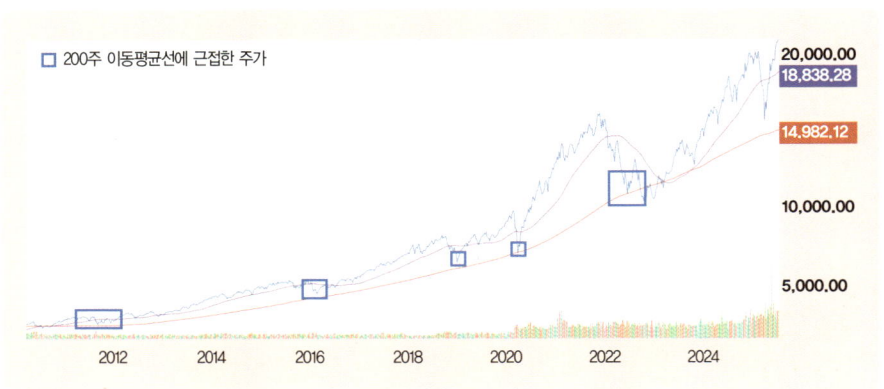

출처: 야후 파이낸스

　200주 이동평균선은 키친 사이클 주기와 유사하다. 주가가 200주 이동평균선에 근접하면 바닥일 가능성이 있다. 마찬가지로 키친 사이클의 주가 바닥 시기 역시 이쯤이다. 이처럼 200주 이동평균선에 주가가 접근했다가 반복적으로 상승하는 것을 키친 사이클과 연관 지어 생각할 수 있다. 이 시기에 주식을 매집하면 수익을 볼 확률이 높다. 익절은 주가가 1년~2년간 충분히 올랐을 때 매도하고 싶은 시기에 분할 매도하면 된다.

ISM의 제조업 PMI로 판단하기

미국 주식 인덱스와 미국 공급관리자협회(ISM, The Institute of Supply Management)의 제조업 구매 관리자 지수(PMI, Purchasing Managers' Index)는 상당히 비례한다. PMI는 미국 경기의 선행 지수인데 주식도 선행 지

📊 **미국 ISM의 제조업 PMI**

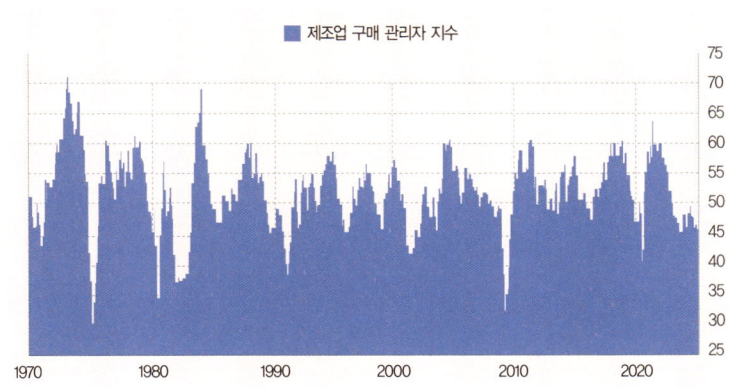

출처: 인베스팅닷컴

수이므로 비슷하게 일치하는 것이다. 즉 경기가 좋을 때 주가는 상승한다. 때문에 주가 방향을 판단하기 힘들 때 PMI의 방향을 보면 도움이 될 수 있다. PMI 역시 3년~4년 주기의 키친 사이클과 유사한 움직임을 보인다(키친 사이클을 반복해서 말하는 이유는 주가 천장, 바닥 잡기의 킹핀이기 때문이다).

ISM이 발간하는 제조업 PMI 리포트는 매달 400개 이상의 기업 구매/공급 관련 중역을 대상으로 실시하는 설문조사 결과를 토대로 산출한다. 전체 측정 지표(신규 수주, 수주 잔량, 신규 수출 수주, 수입, 생산, 공급자 납기, 재고, 고객 재고, 고용 및 물가)를 응답자가 어떻게 전망하는지(긍정적, 변화 없음, 부정적)를 토대로 경기 변동 지수를 발표한다. 경기 변동 지수의 계산식은 다음과 같다.

$$경기\ 변동\ 지수 = 긍정\ 답변(\%) + (½ \times 변화\ 없음(\%))$$

그 결과 나온 수치는 계절 조정 단계를 거치는데, 이는 기상 상황, 각종 관련 기관 변화 및 고정된 휴일 등의 이유로 인해 연간 단위로 일어나는 변화를 고려해야 하기 때문이다. 계절 조정 팩터는 미국 상무부가 제공하며, 상황에 따라 매년 근소하게 차이가 날 수 있다. 이 수치를 상이한 가중치를 갖는 5개 지표(신규 수주 30%, 생산 25%, 고용 20%, 공급자 운송 시간 15%, 재고 10%)로 종합 산출한 것이 PMI다.

이런 PMI를 인간의 감정이 포함된 지수로 소프트 지수라 말한다. 반대로 실제 경기 결과 데이터는 하드 지수라 부른다. 소프트 지수는 감정적이고 실제 경기 데이터가 아니기 때문에 단기 변동이 심하다. 그러나 멀리서 보면 약 3년~4년의 주기가 보여 주가 사이클 예측에 큰 도움이 된다.

사실 미국 산업에서 비제조업 비중이 80% 가까이 되기 때문에 ISM의 비제조업 PMI가 더 중요하다고 볼 수 있으나, 비제조업 PMI는 제조업 PMI만큼 명확하지 않아 보통 제조업 지수를 분석에 주로 사용한다.

장단기 금리 역전으로 판단하기

작금의 MMT, 양적 무한 완화 시대에는 금리가 경기 사이클과 무관하게 움직일 수 있으므로 이전보다 중요성이 떨어진 건 사실이다. 다만 장단기 금리 역전 해소 이후 주가가 추가로 상승하는 경우 주가 천장이 올 수도 있다.

📈 **미국의 10년 만기 국채 수익률 − 3개월 만기 국채 수익률**

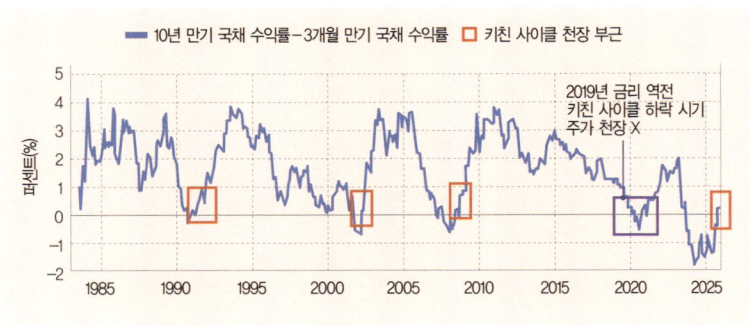

출처: FRED

앞 그래프의 빨간색 구간은 키친 사이클 천장 부근이고 장단기 금리 역전도 해소되어서 이후 주가 천장에 도달했었다. 단 보라색으로 표시한 2019년의 금리 역전은 키친 사이클의 하락 시기였기 때문에 주가 천장이 오지 못했다. MMT 이후 경기와 상관없이 풀린 유동성을 줄이느라 금리를 올린 덕분이었다.

우연히 코로나 사태가 발생하여 주가는 폭락했지만 코로나 사태가 없었다면 장단기 금리 역전이 왔었어도 주가가 폭락하지 않았을 수 있다. 이유는 2021년 말까지 키친 사이클 상승 시기였기 때문이다. 코로나로 주가가 내린 것은 사건성이니 장단기 금리 역전의 결과와 연결해서 생각하면 안 된다.

MMT 이전인 과거의 장단기 금리 역전은 주로 호경기로 인한 고인플레이션 억제책으로 기준 금리를 많이 올려서 경기 불안 심리로 단기 금리가 폭등하며 발생했다. 이렇게 금리를 많이 올리면 경기가 천장을 찍는 것은 시간 문제가 된다. 경기 침체가 우려되는 시기가 오면 기준 금리를 올리지 않거나 내린다. 그럼 장단기 금리 역전이 해소되고 주가가 다시 오르다가 경기 재고 사이클에 의해 경기 침체를 맞게 된다. 그래서 장단기 금리 역전과 주가 천장이 서로 비례 관계에 있었던 것이다.

그러나 MMT 이후는 호경기라 기준 금리를 올리기보다 유동성으로 인한 높은 인플레이션에 대응하기 위해 기준 금리를 올리는 일이 발생했다. 즉 경기와 금리의 디커플링(같은 흐름을 보이지 않고 탈동조화되는 현상)이 발생한 것이다.

그렇기 때문에 주가의 향방을 알기 위해서는 키친 사이클의 천장 시기와 장단기 금리 역전이 일치하는지를 확인해야 한다. 키친 사이클 천장 시기가 아니라면 주가는 천장을 찍지 않을 확률이 높고, 키친 사이클이 그때 바닥이라면 주가는 장단기 금리 역전과 관계없이 몇 년간 더 오를 수 있다.

MMT 이후 금리는 고인플레이션과의 전쟁을 치르고 있다. 그래서 이제는 금리를 인상한다고 주가가 반드시 오르지 않으며 금리를 인하한다고 주가가 반드시 하락하지 않는다. 이것이 많은 전문가가 2023년에 주가가 폭락한다고 잘못 예측한 큰 이유다. 필자는 이를 간파하고 2023년과 2024년에 불장이 올 것이라고 말했었다.

OECD G20 CLI로 판단하기

주식시장은 대표적인 경기 선행 시장이다. 사람들의 '기대'로 움직이기 때문에 선행하는 특징을 가지고 있다. 따라서 대표적인 경기 선행 지수인 OECD G20 경기 선행 지수(CLI, Composite Leading Indicator)와 주가는 꽤 깊은 상관관계를 지니고 있다.

📊 **경기 사이클에 선행하는 CLI**

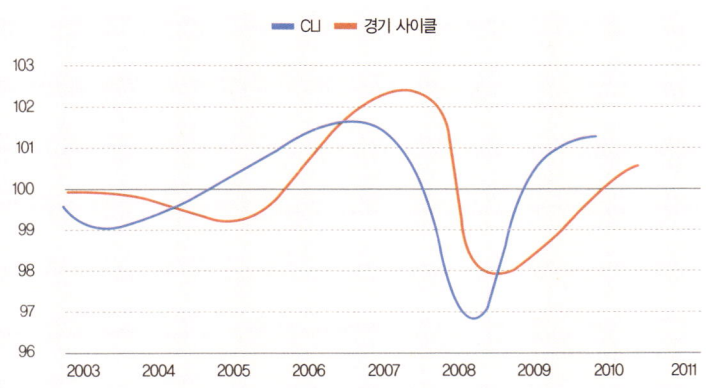

출처: OECD

원래 OECD G20 CLI는 6개월~9개월 정도 선행하는 경기를 예측하기 위해 만들어졌다. 실제로 2000년 초반에는 약 6개월 정도 선행하였으나 지금은 약 3개월 정도 선행하는 것으로 알려져 있고 선행하는 기간이 더 짧아지기도 한다. 특히 IT 쇼크나 리먼 쇼크와 같은 대폭락 시기에는 선행 기간이 짧게 움직이는 경향이 있다.

OECD G20 CLI는 한 번 방향을 잡으면 꾸준하게 같은 방향으로 움직이는 경향이 있어서 방향성 판단에 유용하다. CLI는 각종 지수(소비자 심리 지수, 제조업 지수, 기업 경기 심리, 설비투자, 기계 주문, 재고 순환 지수, 재고량, 교역, 주가, 장·중·단기 금리 차 등)를 조합하여 하나의 인덱스로 만든 것이다. 수많은 전문가들이 이 수치를 계산하기 위해서 일하고 있고 OECD에서 검토 결과를 공개하고 있어 우리는 이 좋은 데이터를 무

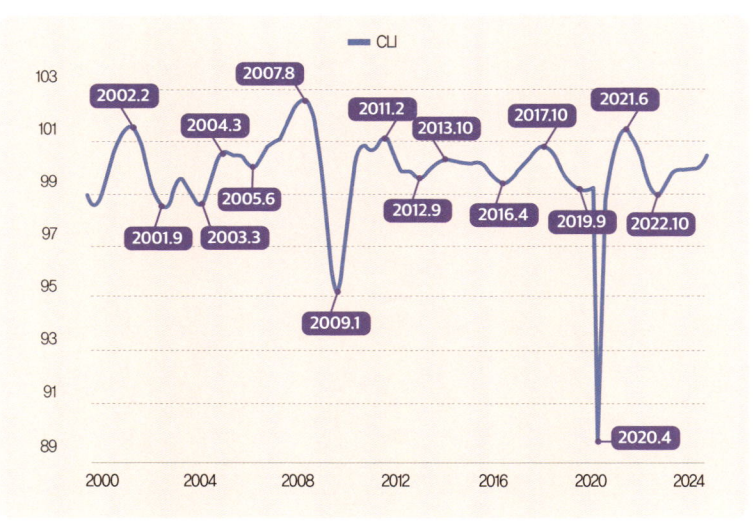

OECD G20 CLI의 천장과 바닥

※ 이 데이터는 2024년경 데이터로 최신 데이터와는 차이가 있을 수 있으니 참고 정도만 한다.

료로 이용할 수 있다. 또한 최신 데이터의 정밀도를 높이기 위해 데이터가 조금씩 변하는 방식을 채용하고 있다. 다만 조사 기간이 필요하므로 약 1개월~2개월 정도 발표가 항상 지연되는 특징이 있었다. 2025년부터는 이 기간이 10일 이내로 단축되었다.

OECD G20 CLI의 전월비 상승폭이 최대를 지난 이후에 나스닥 주가는 천장이 올 수 있다. 반대로 전월비 하락폭이 최대를 지난 직후에 나스닥 주가의 바닥이 올 수 있다.

다음 표를 보면 OECD G20 CLI 전월비 상승폭이 최대인 시기 이후 11개월~21개월 사이에 나스닥 주가가 천장을 맞았다. 전월비로 보는 이유는 전월 대비 변동 가속도를 파악하여 방향을 보다 더 선행적으로 파악하기 위해서다. 즉 전월비로 파악하면 선행 지수의 선행 지수가 된다.

📊 OECD G20 CLI 전월비 상승폭 최대 이후 나스닥 천장까지 걸린 기간

날짜	지수값	전월비	날짜	지수값	전월비	날짜	지수값	전월비
2006.03	100.9107	0.08%	2016.11	99.87781	0.11%	2020.04	89.55275	−4.96%
2006.04	100.9585	0.05%	2016.12	99.99043	0.11%	2020.05	93.26309	4.14%
2006.05	100.9819	0.02%	2017.01	100.096	0.11%	2020.06	96.47118	3.44%
2006.06	100.9978	0.02%	2017.02	100.1933	0.10%	2020.07	98.08315	1.67%
2006.07	101.027	0.03%	2017.03	100.283	0.09%	2020.08	99.03428	0.97%
2006.08	101.0903	0.06%	2017.04	100.3671	0.08%	2020.09	99.55244	0.52%
2006.09	101.196	0.10%	2017.05	100.448	0.08%	2020.10	99.96259	0.41%
2006.10	101.3358	0.14%	2017.06	100.5305	0.08%	2020.11	100.266	0.30%
2006.11	101.4977	0.16%	2017.07	100.6127	0.08%	2020.12	100.5846	0.32%
2006.12	101.6655	0.17%	2017.08	100.6917	0.08%	2021.01	100.7906	0.20%
2007.01	101.824	0.16%	2017.09	100.7574	0.07%	2021.02	100.9911	0.20%
2007.02	101.9785	0.15%	2017.10	100.8028	0.05%	2021.03	101.2074	0.21%
2007.03	102.1292	0.15%	2017.11	100.8232	0.02%	2021.04	101.3675	0.16%
2007.04	102.2742	0.14%	2017.12	100.8183	0.00%	2021.05	101.4334	0.07%
2007.05	102.3999	0.12%	2018.01	100.7925	−0.03%	2021.06	101.445	0.01%
2007.06	102.4939	0.09%	2018.02	100.7475	−0.04%	2021.07	101.3046	−0.14%
2007.07	102.5521	0.06%	2018.03	100.6797	−0.07%	2021.08	101.1755	−0.13%
2007.08	102.5726	0.02%	2018.04	100.5908	−0.09%	2021.09	101.0793	−0.10%
2007.09	102.5561	−0.02%	2018.05	100.4842	−0.11%	2021.10	100.9804	−0.10%
2007.10	102.4909	−0.06%	2018.06	100.3603	−0.12%	2021.11	100.8383	−0.14%
2007.11	102.3609	−0.13%	2018.07	100.222	−0.14%	2021.12	100.6838	−0.15%
2007.12	102.1728	−0.18%	2018.08	100.0738	−0.15%	2018.08	100.0738	−0.15%

■ OECD G20 CLI의 전월비 상승폭이 최대인 시기　■ 나스닥 천장 시기(큰 변동 시기만)　■ 키친 사이클 천장 시기

또 다른 이유는 최신 방식 중시 데이터 처리(최신 데이터 경향의 정밀도 중시, CF 필터)로 선행 지수가 선행 지수로서의 역할을 못 하고 왜곡될 수 있기 때문이다. 그래서 방향성을 파악하는 데는 더 앞선 선행 지표인 전월비만한 게 없다. 중간에 재상승할 수도 있으므로 키친 사이클 천장 시기를 참조하여 카운트한다.

나스닥 바닥의 경우 OECD G20 CLI 전월비 하락폭 최대 이후 3개월~6개월 사이에 주가 진바닥을 맞았다. 이는 키친 사이클 주기와 유사하다. 만약 미래에도 이 경향이 재현된다면 주가 진바닥을 잡는 데 큰 도움이 될 것이다.

OECD G20 CLI 전월비 하락폭 최대 이후 나스닥 바닥까지 걸린 기간

날짜	지수값	전월비	날짜	지수값	전월비	날짜	지수값	전월비
2008.07	99.04771	−0.69%	2018.07	100.222	−0.14%	2022.03	100.0842	−0.22%
2008.08	98.28052	−0.77%	2018.08	100.0738	−0.15%	2022.04	99.85677	−0.23%
2008.09	97.46065	−0.83%	2018.09	99.92185	−0.15%	2022.05	99.62598	−0.23%
2008.10	96.65472	−0.83%	2018.10	99.77311	−0.15%	2022.06	99.40463	−0.22%
2008.11	95.96797	−0.71%	2018.11	99.63915	−0.13%	2022.07	99.21247	−0.19%
2008.12	95.48591	−0.50%	2018.12	99.52509	−0.11%	2022.08	99.06721	−0.15%
2009.01	95.25223	−0.24%	2019.01	99.43726	−0.09%	2022.09	98.97179	−0.10%
2009.02	95.2911	0.04%	2019.02	99.37467	−0.06%	2022.10	98.93369	−0.04%
2009.03	95.57372	0.30%	2019.03	99.32691	−0.05%	2022.11	98.9529	0.02%

■ OECD G20 CLI의 전월비 하락폭이 최대인 시기   ■ 나스닥 바닥 시기

사와카미 투자법으로 판단하기

사와카미 투자법의 핵심은 다음과 같다.

> "주가가 대폭락했을 때 도와주기 위해 매수하라."

　사람들은 크게 고통스럽거나 기쁠 때 밖으로 감정을 표현한다. 이를 이용하면 투자에 성공할 확률이 아주 높다. 주가가 바닥일 때 공포와 실망은 최고조에 달한다. 앞으로 주가가 오르지 못할 거라는 절망감이 시장에 팽배하게 된다. 이때가 주가 진바닥일 경우가 확률적으로 높다.

　사람들의 고통이 극에 달했을 때 인간이라면 서로 도와줘야 한다. 고통을 같이 나누러 주식을 매수해준다. 이런 선한 마음이 결과적으로 수익으로 연결된다. 저렴하게 매수했으므로 돈을 잃을 가능성도 적다. 즉 손익비가 최대인 매수가 된다. 워런 버핏의 '돈을 잃지 말자'는 투자법과 같은 맥락이다.

반대로 주가가 천장에 있을 때 사람들은 수익을 자랑하고 주식을 더 매수하고 광분한다. 포모(FOMO, Fear Of Missing Out)를 겪는 사람들도 많아진다. 이때 분할로 익절하면 된다. 대개 키친 사이클이 천장쯤에 있을 가능성이 높다. 능력만 있다면 레버리지 종목이 저평가되었을 때 매수하면 큰 효과를 볼 수도 있으나 위험 종목이니 추천하지는 않는다. 즉 평소에는 보수적인 투자를 하다가 사와카미 투자법만 실천해도 수익을 낼 수 있다.

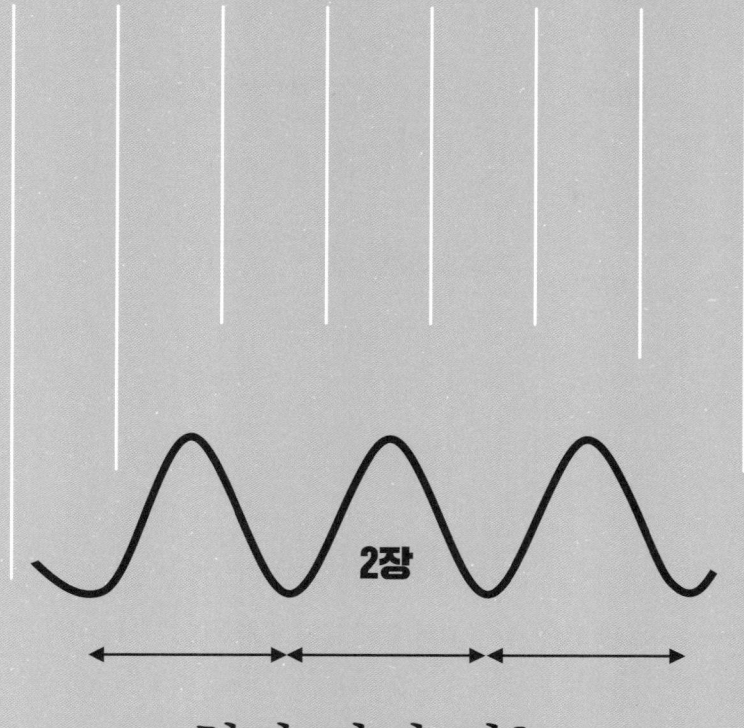

2장

천장 바닥 잡는 경기 사이클

키친 사이클

키친 사이클은 약 3년~4년 주기의 단기 경기 순환 재고 사이클이다. 이 사이클은 1923년 조셉 키친(Joseph Kitchin)이 1890년부터 1922년까지 진행한 영미의 상품 상장 금리 동향 연구 결과로 주창됐다. 이후 기업의 재고 투자 사이클과 관계성이 밝혀져 재고 사이클로 불리고 있다.

  키친 사이클은 3년~4년 주기의 주가 파도 파악에 가장 많이 이용되는 매크로 지표다. 중기 주글라 사이클도 중요하긴 하나 단기적인 주가의 움직임은 단기 키친 사이클의 영향을 가장 크게 받는다. 단 주글라 사이클 하락으로 주가의 하락폭과 하락 기간이 더 심해질 수 있다. 또 양적 무한 완화 시대인 지금은 유동성 공급이 주가의 움직임과 기간의 변수로 작용하고 있다. 그렇다 하더라도 경기 사이클의 영향은 아직까지 절대적이다. 미국 산업 재고량으로 실질적인 미국 키친 사이클을 계산하면 다음과 같이 나타난다.

📊 미국 산업 재고량

출처: FRED

📊 미국 산업 재고량을 활용한 키친 사이클

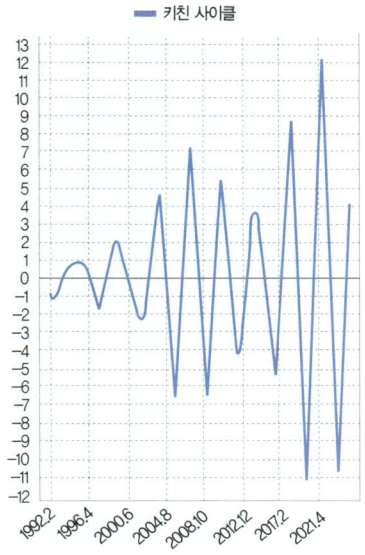

키친 사이클 천장과 나스닥 천장 시기가 상당히 일치한다는 것을 알 수 있다. 2010년과 2014년은 키친 사이클의 단독 하락으로 주가에

📊 **미국 산업 재고량 활용한 키친 사이클 천장/바닥 정리**

천장	바닥	천장-천장 갭	나스닥 천장 시기
2007.6	2005.9	–	2007.10.9
2010.11	2009.3	3년 5개월	–
2014.6	2012.7	3년 5개월	–
2018.6	2016.8	4년	2018.8.29
2021.12	2020.3	3년 6개월	2021.11.19
2025.6~2025.12(예측)	2023.9	3년 6개월~4년	–

는 큰 변동이 없었다. 2021년도 키친 단독 하락이었으나 기준 금리 인상으로 주글라 하락에 버금가는 큰 주가 변동이 있었다. 그러나 미국 산업 재고량을 활용한 키친 사이클은 사이클마다 기간 변동이 커서 미래의 주가 천장 시기를 예측하기 어렵다.

그래서 필자는 매 사이클 기간 변동이 적어 미래의 천장 시기 예측에 용이한 미국 산업 총생산량을 기준으로 키친 사이클을 계산한다.

📊 **미국 산업 총생산량**

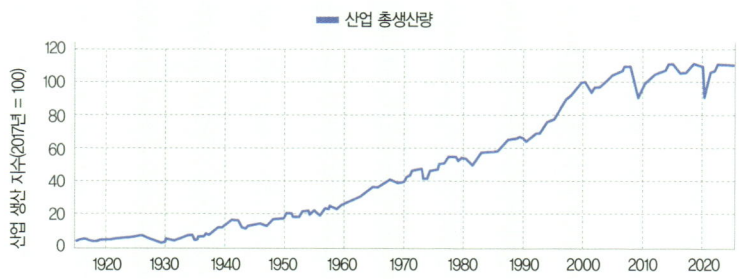

출처: FRED

📊 미국 산업 총생산량을 활용한 키친 사이클

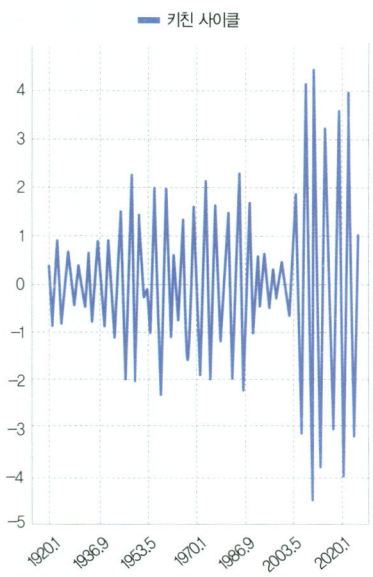

📊 미국 산업 총생산량을 활용한 키친 사이클 천장/바닥 정리

천장	바닥	천장-천장 갭
2007.6	2005.9	–
2010.11	2009.2	3년 5개월
2014.7	2012.8	3년 8개월
2018.6	2016.7	3년 11개월
2022.1	2020.4	3년 8개월
2025.9(예측)	2023.10	3년 8개월(예측)

주글라 사이클

주글라 사이클은 7년~11년 주기의 중기 설비 경기 사이클이다. 1862년 클레망 주글라(Clément Juglar)에 의해 주창된 사이클로 미국, 영국, 프랑스 3국의 금속, 통화량 등 1800년부터 1859년까지 걸친 금융 통계의 동향 연구에서 비롯됐다. 카를 마르크스(Karl Marx)의 『자본론』이 끼친 지적 영향도 있어서 후에 주로 설비투자와 관계가 있는 사이클로 통용된다. 데이터는 산업 설비 데이터를 기준으로 활용한다.

📊 **미국 산업 설비 데이터**

출처: FRED

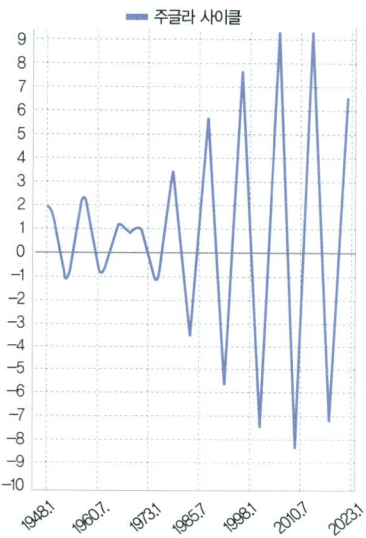

📊 미국 주글라 사이클

📊 미국 주글라 사이클 천장/바닥 정리

천장	바닥	천장 - 천장 갭
1998.1	1993.7	–
2007.1	2002.7	9년
2016.1	2011.7	9년
2025.1	2020.1	9년

주글라 사이클은 일반적으로 설비투자 사이클로 불린다. 약 9년 주기로 주가에 더 큰 변동이 있도록 영향을 주는 사이클이다.

쿠즈네츠 사이클

1930년 사이먼 쿠즈네츠(Simon Kuznets, 1971년 노벨경제학상 수상자)는 1850년대 이후 미국, 영국, 프랑스, 독일, 벨기에 관련 농산물, 광산물, 생산재 같은 상품의 생산량과 가격의 관계로부터 22년~23년 주기의 장기 사이클을 검출했다. 이후 존 R. 리글먼(John R. Riggleman)에 의해 평균 17년 주기의 미국 건설투자 사이클이 발견됐다. 그 후 쿠즈네츠 사이클은 건설투자 사이클로 보는 견해가 널리 퍼졌다.

미국 쿠즈네츠 사이클

　1929년 10월 24일 검은 목요일을 기점으로 주식시장이 크게 붕괴를 시작했던 미국 대공황 때는 4개의 경기 사이클이 모두 하락하던 시기였다. 쿠즈네츠 사이클도 예외 없이 겹쳤다. 일본 경기순환학회 시마나카 씨의 계산 결과에 의하면 미국 쿠즈네츠 사이클의 천장은 1925년이었다. 4년 후인 1929년 9월 10일에 미국 주가 인덱스가 피크를 찍었다.

📊 **미국 총건설 투자비**

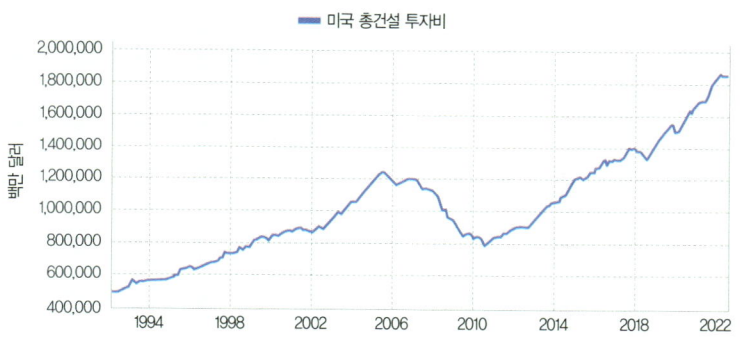

출처: FRED

📊 **미국 쿠즈네츠 사이클 계산 결과**

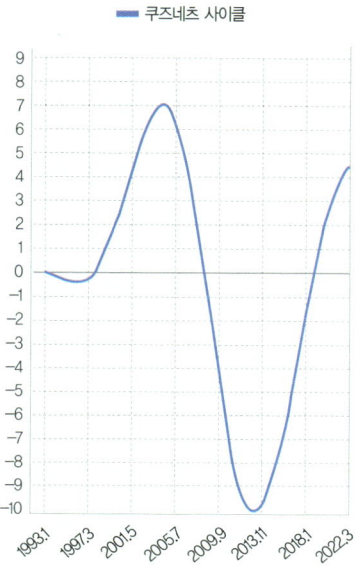

미국 쿠즈네츠 사이클 천장/바닥 정리

천장	바닥	천장 - 천장 갭
2004.3	–	–
2023.12	2013.11	19년 8개월

　미국 쿠즈네츠 사이클 계산에 사용한 입력 데이터는 시마나카 씨와 같은 방식인 미국의 총건설 투자비로 했다. 투자를 많이 하는 것은 쉽게 말하면 그쪽 경기가 좋다는 말이다.

한국 쿠즈네츠 사이클

　한국 쿠즈네츠 사이클은 데이터 이용이 가능했던 한국 주택 및 주거용 건물에 대한 건축 주문, 건축 허가 발급 건수를 기준으로 했다.

한국 주택 및 주거용 건물에 대한 건축 허가 발급 건수

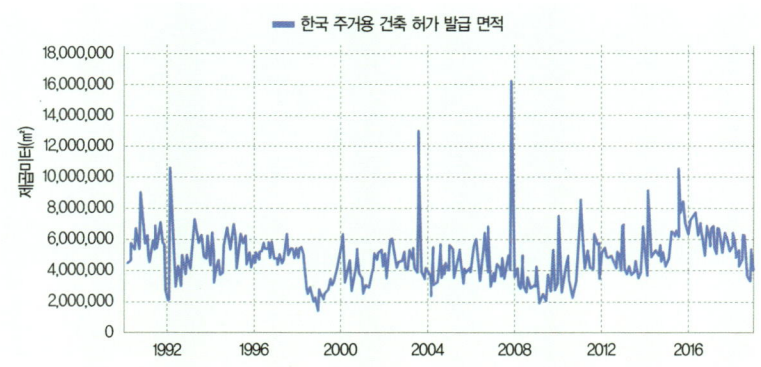

출처: FRED

한국 쿠즈네츠 사이클 계산 결과

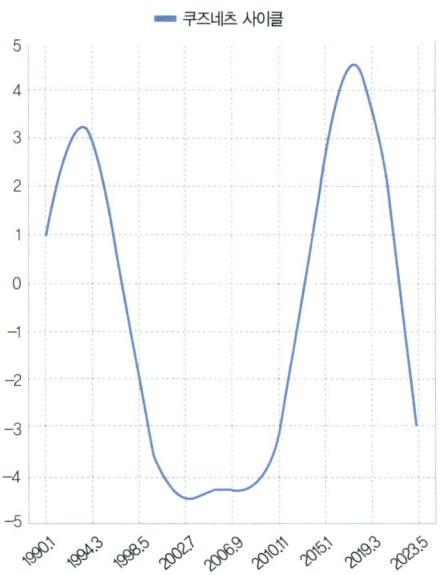

한국 쿠즈네츠 사이클 천장/바닥 정리

천장	바닥	천장 - 천장 갭
1992.11	2002.6	9년 7개월
2017.10	2027.5(예측)	9년 7개월(예측)

    2017년 10월 한국 쿠즈네츠 사이클 천장은 무엇을 의미하는가? 문재인 정부가 출범한 2017년에 건설주 오더가 천장이었고 그 후 장기 하락에 접어들었다. 단순히 경기 사이클 때문인지 정부 정책이었는지 판단해보면 흥미로울 것이다. 이처럼 한국 건설주에 투자할 때 쿠즈네츠 사이클도 참조하길 바란다.

콘드라티예프 사이클

콘드라티예프 사이클은 약 48년~60년 주기 사이클이다. 1925년 러시아 경제학자 니코라이 콘드라티예프(Nikolai Kondratiev)에 의해 주창됐다. 주로 영국, 미국, 프랑스 3국의 물가 지수, 명목 임금, 국채 상장, 이자율, 외국 무역 총액, 석탄 생산량, 소비량, 철 생산량 등의 자료를 트렌드 제거 처리한 9년 이동평균으로부터 통계적으로 검출한 사이클이다. 이후 조지프 슘페터(Joseph Schumpeter)에 의해 혁신주기설 제창이 있었다.

 콘드라티예프 자신은 거대 설비, 철도, 운하, 대규모 토지 개선 사업 등 기본 자본재에 대한 인프라 투자 주기를 말했다. 그러면서 자본주의는 멸망하는 것이 아니라 큰 주기로 재생 발전한다고 주장하여 공산주의 이념에 반하는 의견을 내놓았다. 그 결과 스탈린으로부터 46세에 총살형을 당했다.

 콘드라티예프 주기는 미국의 정치 패러다임 주기와도 관련성이 있다. 즉 미국은 약 50년 주기의 큰 정치 패러다임 변화가 있어왔다.

📊 미국의 50년 주기 정치 패러다임

- 1776년~1827년: 건국의 아버지에서 개척자로
  조지 워싱턴 ~ 존 퀸시 애덤스 실정

- 1828년~1875년: 개척자에서 소도시로
  앤드루 잭슨 ~ 율리시스 그랜트 실정

- 1876년~1931년: 소도시에서 산업도시로
  러더퍼드 헤이스 ~ 허버트 후버 실정

- 1932년~1979년: 산업도시에서 서비스 중심의 교외로
  프랭클린 D. 루즈벨트 ~ 지미 카터 실정

- 1980년~2034년: 서비스 중심 교외에서 영구 이주자 계층으로
  로널드 레이건 ~ 도널드 트럼프(진행 중)

📊 미국 콘드라티예프 사이클

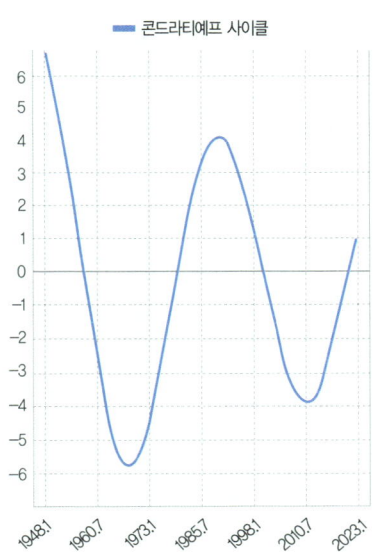

📊 **미국 콘드라티예프 사이클 천장/바닥 정리**

천장	바닥	천장 - 천장 갭
1991.1	1969.1	-
2033.7(예측)	2011.7	42년 6개월

　콘드라티예프 사이클의 우상향은 약 2033년까지 이어질 듯하다. AI, 로봇, 우주, 양자컴퓨터, 비트코인, 보안 등 혁신주들의 상승이 기대된다.

복합 경기 사이클

재투자순환설(대규모 교체 투자가 경기 회복과 호황을 유발한다는 이론)과 상반되는 이론으로 앨빈 한센 등이 주창했다. 복수 사이클의 상호 관계에 주목한 이론이다.

10년 주기의 주글라 사이클과 3년~4년 주기의 키친 사이클이 겹친 경우를 예로 들어보자. 주글라 상승과 키친 상승이 겹치면 키친 상승이 강하고 길어진다. 즉 중기 순환의 상승 국면에서는 단기 순환의 상승이 강하고 길게 나타난다. 반대로 주글라 하강과 키친 상승이 겹치면 키친 상승이 약하고 짧아진다. 슘페터의 경기순환론에 의하면 10년 주기의 주글라 사이클과 60년 주기의 콘드라티예프 사이클이 겹치면 그 속에 6개의 주글라 사이클이 포함된다고 한다. 또한 1개의 주글라 사이클에 약 3개의 키친이 포함되고 서로 영향을 끼친다고 말한다. 기본적으로 긴 사이클이 작은 사이클보다 큰 영향력을 발휘한다는 이론이다.

슘페터는 대공황이 콘드라티예프, 쿠즈네츠, 주글라, 키친 사이클이 모두 하락하여 일어난 심각한 불황의 결과라고 말한다. 복합순환론은 필자가 활용하는 경기 사이클의 기본 이론이고 앞에서 소개한 사이클들이 그 요소들이다. 두 가지 사이클이 겹치면 브론즈 사이클, 세 가지 사이클이 겹치면 실버 사이클 그리고 네 가지가 겹치면 골든 사이클이라 칭한다.

즉 복수의 사이클이 겹치면 경기가 비교적 아주 호황이 되어 주가도 더 올라가고 반대이면 심한 불황이 온다는 이론이다.

한센 사이클

앞서 설명한 경기 사이클에 속하지 않고 주거용 부동산에 특화된 사이클도 있다. 바로 한센 사이클이다. 한센 사이클은 하버드 이코노미스트 앨빈 한센(Alvin Hansen)에 의해 주창되었다. 17년~18년 정도의 주기를 갖는 건축 공사 주기다. 부동산 사이클로 불린다.

미국 한센 사이클

미국의 한센 사이클은 연준이 집계한 미국 실제 주거용 부동산 시세 변동 데이터로 계산한다.

📈 미국 실제 주거용 부동산 시세 변동

출처: FRED

📈 미국 한센 사이클

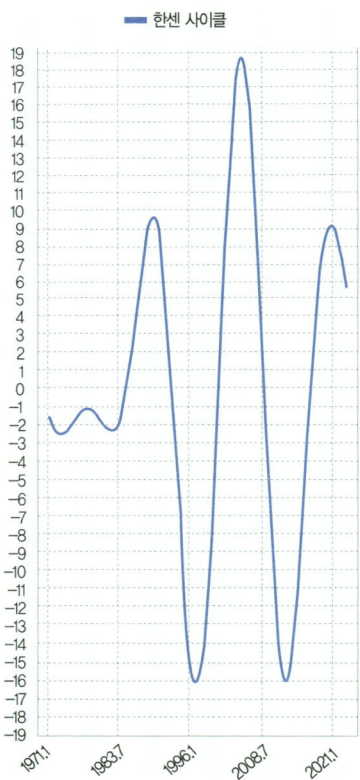

📊 미국 한센 사이클 천장/바닥 정리

천장	바닥	바닥 - 바닥 갭
1977.7	1982.4	-
1989.10	1997.7	15년 3개월
2005.4	2013.4	15년 9개월
2021.7	2029.1(예측)	15년 9개월(예측)

한국 한센 사이클

한국의 한센 사이클도 연준이 집계한 한국 실제 주거용 부동산 시세 변동 데이터를 활용한다.

📊 한국 실제 주거용 부동산 시세 변동

출처: FRED

한국 한센 사이클

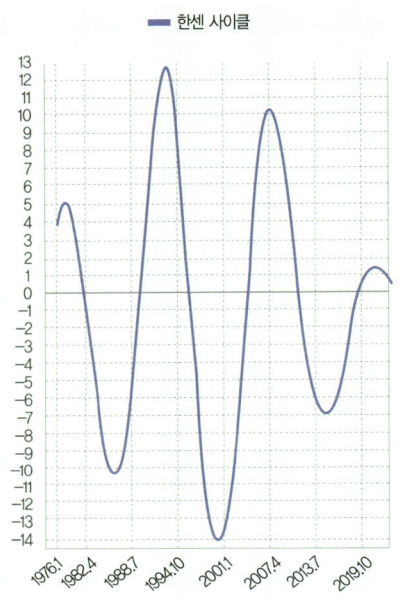

한국 한센 사이클 천장/바닥 정리

천장	바닥	바닥 - 바닥 갭
1977.7	1984.7	–
1991.10	1999.4	14년 9개월
2006.10	2014.7	15년 3개월
2021.7	2029.10(예측)	15년 3개월(예측)

한국 한센 사이클은 2029년경까지 하락 경로에 있다. 그러나 부동산 경기는 장기적으로 한센, 주글라, 키친 사이클 등 여러 사이클에 복합적인 영향을 받는다. 또한 악재, 호재 이벤트로 정치, 천재지변에도 중기적 영향을 받는다. 그 결과가 다음과 같이 나타난다.

📊 **한국 주거비 연율**

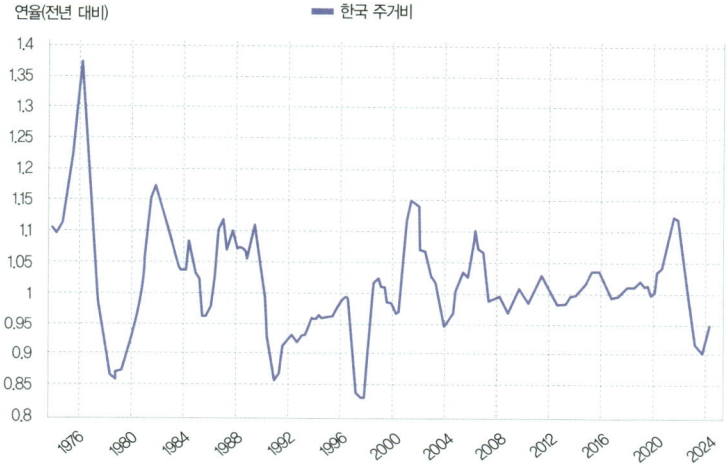

즉 한국 주거비 연율(전년 대비)이 2023년 4월 바닥을 치고 시세가 상승하고 있다. 이는 한국 키친 사이클 바닥 시기인 2023년 6월과 연관이 있을 수 있다. 단기 경기 사이클인 키친 사이클 상승에 영향을 받아 한국 주거비도 일정분 상승할 수 있었다고 본다.

중국 한센 사이클

다음은 중국의 한센 사이클이다. 미국 연준의 중국 실제 주거용 부동산 시세 변동 데이터를 활용한다.

📊 중국 실제 주거용 부동산 시세 변동

중국 한센 사이클은 2027년경 바닥이다. 중국은 시진핑 주석이 부동산을 통해 경기를 부양했다. 부동산 경기가 위험 시기까지 추락했는데, 정부 개입으로 어떻게든 막고 있는 상황이다.

📊 중국 한센 사이클

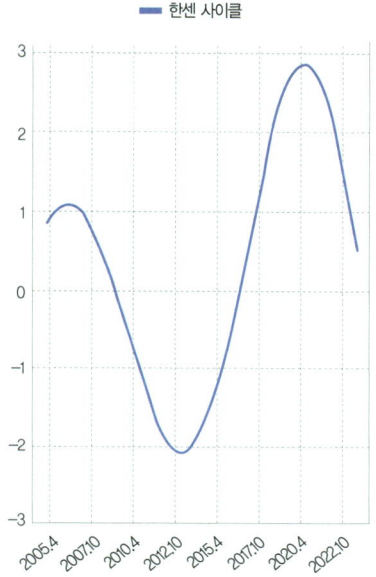

📊 중국 한센 사이클 천장/바닥 정리

천장	바닥	바닥 - 바닥 갭
2006.7	2013.7	-
2020.10	2027.10(예측)	14년 3개월(예측)

일본 한센 사이클

다음은 충격적인 일본의 한센 사이클이다. 최근의 일본 부동산 경기 상승과 일본 한센 사이클 상승이 일치한다.

일본 실제 주거용 부동산 시세 변동

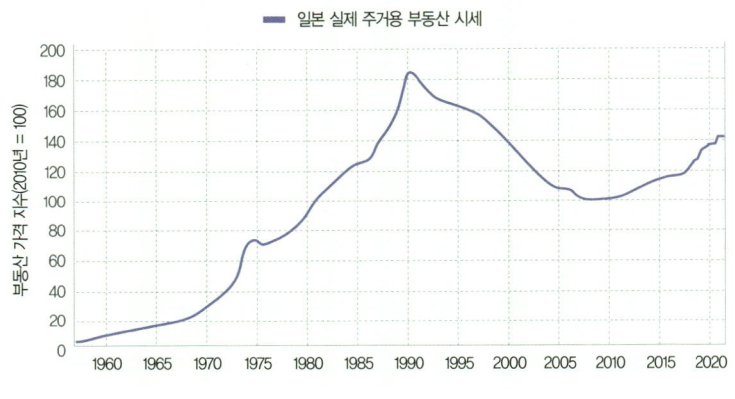

출처: FRED

일본은 1980년대 후반의 부동산 버블 이후 잃어버린 30년을 겪었다. 지금은 부활 중에 있다. 부동산 경기는 리먼 쇼크 이후에도 회복을 못 하다가 2021년에 바닥을 찍고 현재 상승 중에 있다.

📊 일본 한센 사이클 계산 결과

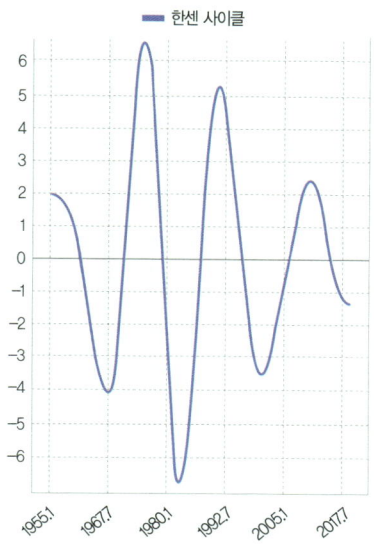

📊 일본 한센 사이클 천장/바닥 정리

천장	바닥	바닥 - 바닥 갭
1955.7	1966.10	-
1975.7	1983.10	17년
1992.7	2002.7	18년 9개월
2013.1	2021.7	19년

2025년 기준 일본 부동산 경기가 최고조에 있는 이유를 일본 한센 사이클로 알 수 있다.

부채 사이클

미국의 투자가이자 기업인인 레이 달리오(Raymond Thomas Dalio)는 지난 4세기 동안의 패권국을 다음과 같이 분류한다.

📊 **지난 4세기 동안의 패권국 전환**

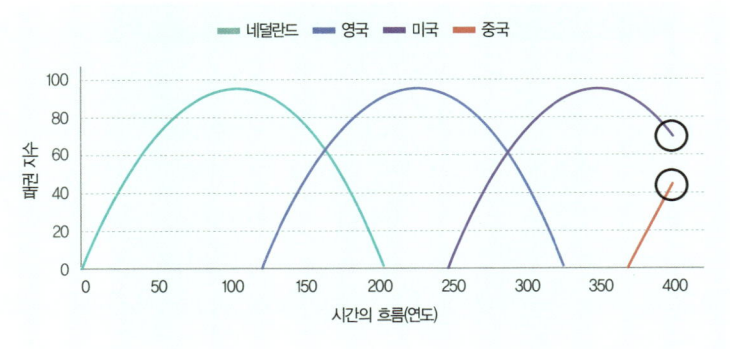

출처: 레이 달리오

1600년대 네덜란드, 1800년대 영국, 1900년대 미국, 2000년대는 중국이 될 수 있다고 암시하며 그 주기를 대략 120년으로 본다. 새로운 규칙들이 새로운 세계 질서를 확립한 후에 일반적으로 평화롭고 번영하는 시기가 온다. 사람들이 이것에 익숙해지면서 그들은 계속해서 번영에 더 많은 돈을 걸게 되고, 돈을 더 빌리고, 이것은 결국 거품으로 이어진다.

번영이 증가하면 빈부 격차가 커진다. 결국 부채 버블이 붕괴하고 이로 인해 내부 갈등이 심화되어 평화롭거나 폭력적일 수 있는 부의 재분배 혁명이 일어나게 된다. 보통 그 주기 후반에 경제 및 지정학적 전쟁에서 승리한 선도국은 번영기에 성장한 경쟁 세력에 비해 덜 강력하고 열악한 경제 상황, 권력 간의 불일치를 겪는다. 이 때문에 어떤 종류든 전쟁이 발발하는 경우가 많다.

이러한 혁명과 전쟁의 형태를 취하는 세계 질서의 붕괴는 새로운 승자와 패자를 불러온다. 그리고 승자들은 새로운 국내 질서와 세계 질서를 만들기 위해 모인다.

📊 **제국의 번영과 몰락 뒤에 있는 빅 사이클**

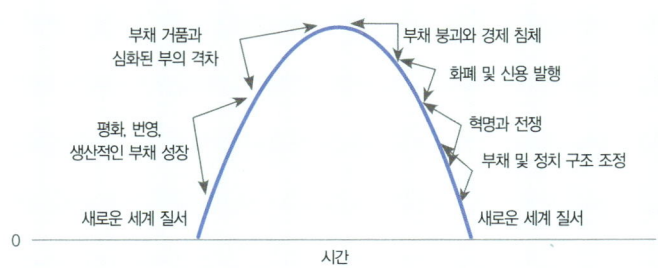

출처: 레이 달리오

반면 시마나카 씨는 다음 패권국은 중국이 아니라 인도일 거라는 의견을 피력했다. 미국 1강 체계에서 패권국이 바뀌는 것은 틀림없지만 그것은 중국이 아니라고 말한다. 그는 50년~60년 주기의 콘드라티예프 사이클을 근거로 세계 패권국도 주기적으로 변경된다고 주장한다.

📊 차기 패권국이 중국이 아니라 인도인 이유

① 중국은 2030년에 GDP가 미국을 넘어설 수 있지만 그 후 하강한다. 중국은 미중 군사력 경쟁 때문에 재정 소비가 확대되어 경제가 망가지기 때문이다.
② 다음 패권국은 인도가 유력하다. 몇십 년 후 경제 규모로 세계 상위권에 올라설 수 있다.

사회 인프라 투자 주기를 기준으로 경기 순환을 나타내는 콘드라티예프 사이클에 의하면 중국은 2011년부터 2047년까지 하강 국면에 있다. 보다 중요한 것은 1인 1자녀 정책의 부작용으로 인구가 감소한다. 미국은 이후에도 이민의 유입으로 높은 출산율이 유지될 것으로 보여 2040년에는 GDP로 중국을 재역전한다.

그렇기에 다음 패권국은 인도가 유력하다 말한다. 인도의 콘드라티예프 사이클은 2032년에 바닥을 찍고 2059년까지 상승을 이어간다. 중국과 달리 인구 증가가 계속되고 연령 구성도 상대적으로 젊다. 2050년에는 인도의 GDP가 미국과 중국을 넘어설 것이다. 지금은 카스트 제도 및 성차별, 불충분한 위생 환경 등 문화적으로 미성숙한 면이 투자를 주저하게 하고 있으나 일본이 전쟁 후 바닥에서 30년 만에 세계 제2위 경제 대국에 올라간 것을 고려한다면 인도도 충분히 가능성이 있다.

한·미·중의 경기 사이클이 중요한 이유

2024년 기준 한국의 GDP 대비 수출 비중은 36.3%다. 세계적으로 높은 비중이므로 수출이 정말 중요하다.

주요 상대국별 수출 비율

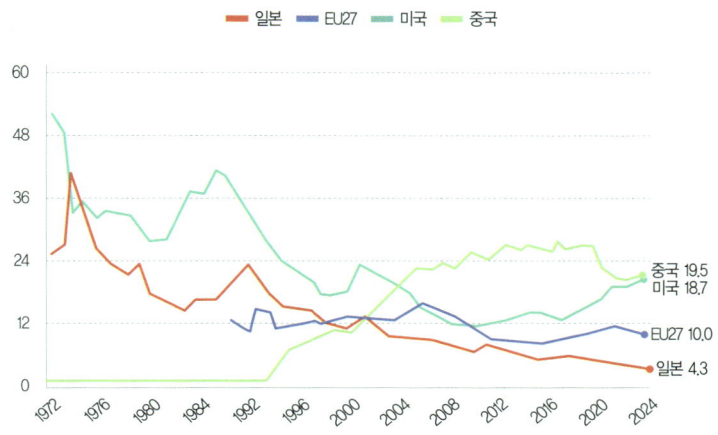

※수출 비율은 해당 연도 수출 총액 중 해당 상대국으로의 수출액 비율이다.

출처: 한국무역협회

2024년 기준 비중은 중국(19.5%), 미국(18.7%), EU27(10.0%), 일본(4.3%) 순서다. 즉 중국과 미국 상대로 수출 비중이 크기 때문에 한국은 이 나라들의 경기에 큰 영향을 받을 수밖에 없다. 지금부터 한·미·중의 주요 데이터를 살펴보자.

한·미·중 키친 사이클 비교

한·미·중의 키친 사이클을 비교하면 다음과 같다.

📊 한·미·중 키친 사이클 비교

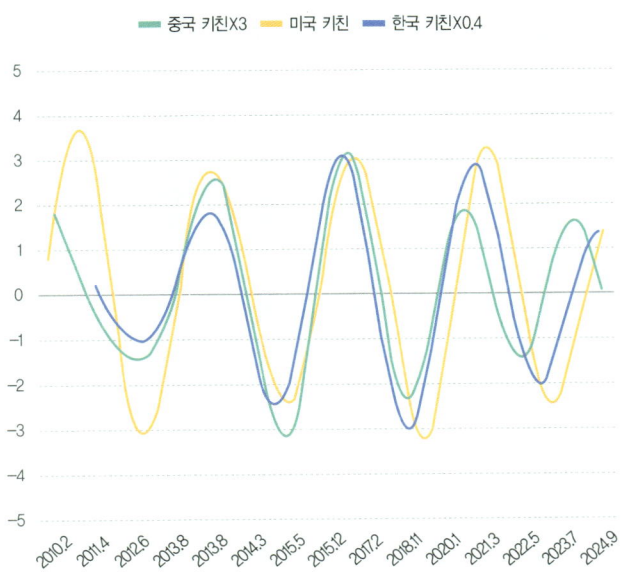

📊 **한·미·중 키친 사이클 천장 정리**

한국	중국	미국	코스피 천장
2025.4	2024.4	2025.9(예측)	-
2021.9	2021.5	2022.1	2021.7.6
2018.2	2018.3	2018.6	2018.1.29
2014.7	-	2014.7	-

한·미·중 키친 사이클을 비교하기 편하도록 중국 주글라 사이클 값에 3배를, 한국 주글라 사이클값에 0.4배를 곱해서 보자. 2018년 이후 중국의 주가 천장이 빨라졌다. 그 이유는 중국의 키친 사이클 천장이 먼저 온 것과 관련이 있는 듯하다. 2018년 이전은 한·미·중 천장이 거의 비슷했다. 한국은 중국에 대한 수출 비중이 높기 때문에 중국의 영향을 많이 받는다. 2018년 이후 코스피, 코스닥 주가 천장이 미국 대비 먼저 온 것은 한국의 빨라진 키친 사이클 천장으로 설명 가능하다.

📊 **한·미·중 키친 사이클 바닥 정리**

한국	중국	미국
2027.1(예측)	2025.12(예측)	2027.7(예측)
2023.6	2022.11	2023.10
2019.11	2019.11	2020.4
2016.3	2016.6	2016.7
2012.7	-	2012.8

주가는 선행 지수이므로 키친 바닥보다 약 1년 정도 먼저 상승한다. 키친 바닥 때도 주가가 일시 하락할 수 있으니 조심해야 한다. 키

친 천장과 주가 천장이 비슷한 이유는 인간의 탐욕과 관련이 있다고 본다. 키친 바닥 대비 주가가 먼저 바닥을 찍는 것은 인간의 지나친 공포 심리 때문이다. 주가의 빠른 폭락과 관련이 있다.

또한 키친, 주글라 사이클이 동시에 하락할 때는 바닥이 더 깊어질 수 있으니 조심해야 한다. 키친 단독 하락이라도 2022년처럼 미국의 기준 금리 인상 같은 큰 악재가 있을 때는 키친, 주글라 사이클 동시 하락과 버금가는 하락폭이 나올 수 있다.

그 외 쿠즈네츠 사이클과 콘드라티예프 사이클까지 함께 하락할 때는 특히 투자에 주의해야 한다.

한·미·중 주글라 사이클 비교

한·미·중의 주글라 사이클을 비교하면 다음과 같다.

📊 한·미·중 주글라 사이클 비교

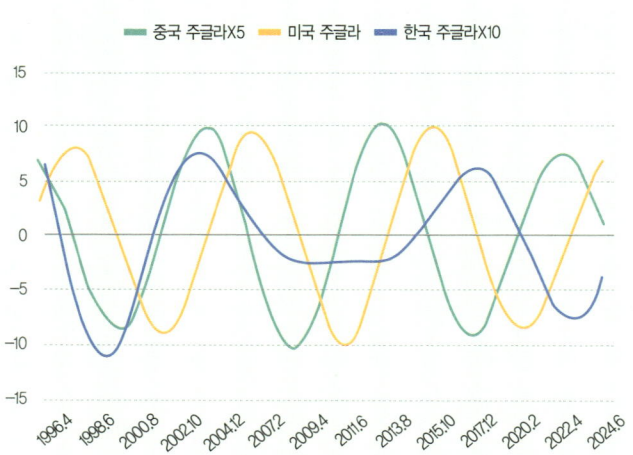

📊 한·미·중 주글라 사이클 천장 정리

한국	중국	미국
2028(예측)	2031.9(예측)	2034.1(예측)
2018.4	2022.8	2025.1
–	2013.7	2016.1
2004.4	2004.7	2007.1
–	–	1998.1

한·미·중 주글라 사이클을 비교하기 편하도록 중국 주글라 사이클값에 5배를, 한국 주글라 사이클값에 10배를 곱해서 보자. 2025년 기준 주글라 사이클 천장은 미국이 가장 늦었다. 미국의 주가가 가장 오랫동안 상승했고 중국과 한국의 주가는 부진한 대신 주가 천장 시기가 빨랐다. 한국과 중국의 주글라 사이클 하락이 2023년과 2024년 코스피 시세 부진의 한 원인으로 생각된다. 그러면 2023년과 2024년의 중국 항셍 시세 부진도 중국의 주글라 사이클 하락으로 설명할 수 있다.

이처럼 한국의 주가 부진은 수출 비중이 가장 큰 중국 주글라 사이클 하락이 주요 원인일 수 있다. 그래서 한국 주가 사이클 방향을 판단할 때 중국, 미국 경기 사이클을 함께 고려하는 게 좋다. 한국의 주글라 천장 예상 시기인 2028년보다 2년 정도 일찍 주식을 보유하고 있는 것이 좋을 것 같다.

📊 한·미·중 주글라 사이클 바닥 정리

한국	중국	미국
2033(예측)	2027.2(예측)	2029.10(예측)
2023.4	2018.1	2020.10
2013.1	2008.12	2011.7
2009.7	2000.1	2002.7
1999.7	–	1993.7

주글라 사이클 바닥 때도 주가가 좋지 않으므로 이 시기는 투자를 피하는 게 좋다.

미국 방산·우주 주글라 사이클

미국 방산·우주 섹터의 주글라 사이클은 다음 데이터로 계산한다.

📊 **미국 방산·우주 장비 월별 생산 추이**

출처: FRED

　미국 방산·우주 섹터의 설비 교체 주기는 약 23년이다. 다음 천장은 2033년경으로 좋은 투자처가 될 것이다. 세계적으로 방산 주식이 유망하다고 본다. 이번 미국 키친, 주글라 사이클로 주가 하락 후 방산 대장주에 투자하면 안정적인 수익을 올릴지도 모른다.

📊 미국 방산·우주 섹터 주글라 사이클

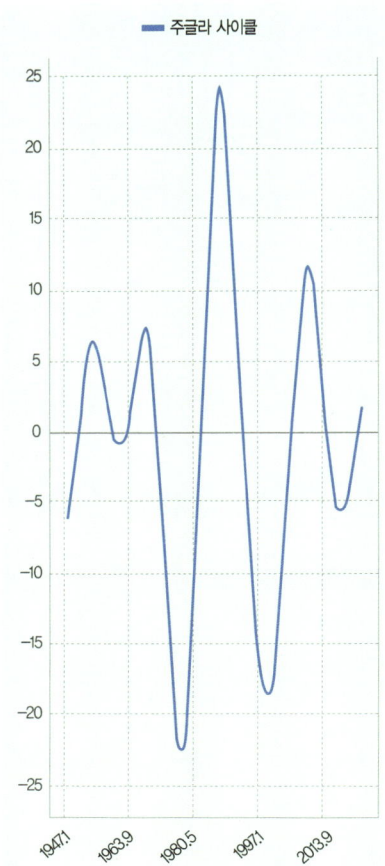

📊 미국 방산·우주 섹터 주글라 사이클 천장/바닥 정리

천장	바닥	천장 - 천장 갭
2033.12(예측)	2018.1	22년 11개월(예측)
2011.1	2000.1	23년 1개월
1987.12	1977.6	–

한국 조선
주글라 사이클

한국 경기를 짐작할 수 있는 데이터로 한국 조선 주글라 사이클이 있다. 가장 유사한 대용 지표로 한국 통계청이 제공하는 기타 운송 장비 투자 데이터를 사용했다.

한국 기타 운송 장비 투자 데이터

출처: 통계청

📊 한국 조선 주글라 사이클

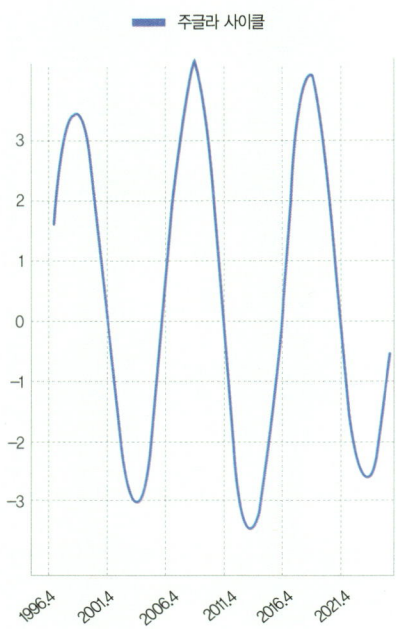

📊 한국 조선 주글라 사이클 천장/바닥 정리

천장	바닥	천장 - 천장 갭
2028.1(예측)	2022.10	10년(예측)
2018.1	2013.4	9년 9개월
2008.4	2003.4	10년
1998.4	-	-

한국 조선 주글라 사이클은 2028년이 피크로 예상된다.

[Key Point]
누적성과 가역성

경기 사이클에는 누적성이라는 특성이 있다. 실제 경기 동향을 분석해보면 한센이 강조한 것과 같이 일단 어느 한 방향으로 움직이기 시작한 변화는 동일한 방향으로 누적되면서 끝까지 진행되는 특성이 있다. 이 프로세스는 폴 앤서니 새뮤얼슨(Paul Anthony Samuelson, 1970년 노벨경제학상 수상자)의 말을 빌리면 승수 효과와 가속도의 상호작용에 의해 발생하는 스파이럴 과정으로 생각해도 될 듯하다. 그렇지만 종착점까지 가게 되면 지금까지의 기동력이 떨어지고 이윽고 반대 방향으로 역전해서 새로운 방향으로 전환하는 경향이 있다.

또 경기 사이클에는 가역성이라는 특성도 있다. 가역성은 경기 국면 교체의 규칙성과 부문 간의 연쇄적 측면으로 살펴봐야 한다. 경기 국면 교체의 규칙성을 예로 들면 다음과 같이 말할 수 있다. 경기는 확대한 후에 수축한다. 또 상승한 후에는 하강한다. 이것이 사이클이다.

이러한 경기 국면을 확대 국면, 수축 국면으로 분할하고 상승과 하강으로 또 분할하면 전부 네 종류의 국면으로 나눌 수 있다. 이때 확대 국면은 회복과 번영, 수축 국면은 후퇴와 침체로 분류된다. 이 네 가지 국면이 어떻게 연속하는지가 중요하다.

웨슬리 클레어 미첼(Wesley Clair Mitchell)의 사고를 빌리면 침체를 일으킨 원인이 회복을 일으킨 원인이 된다. 예를 들어 경기가 안 좋아지면 물가가 떨어지거나 금리가 인하된다. 이런 비용 절감으로 교역 조건과 선행 지표가 개선되어서 이후에 회복이 시작되는 조건이 정비된다. 일단 회복이 시작되면 누적성이 작동하여 종착점까지 경기의 상승이 심화되고 번영하게 된다. 그런데 어느 순간에 도달하면 이번엔 방향이 전환되어 상승 국면이 하락 국면으로 바뀌고 후퇴, 침체를 반복하는 결과가 나타난다. 이러한 가역성에 대해 슘페터는 '이노베이션이나 좋은 합병 없이는 단순히 회복이나 번영으로 갈 수 없다'고 말하기도 했다.

가역성의 부문 간 연쇄적 측면은 경기 사이클을 투자 부문, 생산 부문 그리고 금융 부문으로 살펴보는 것이다. 이 세 가지 활동은 경기 동향 지수에 반영되어 있다. 이 중 선행, 일치, 후행하는 부문을 파악하는 것이 특히 중요하다.

버핏2배랩

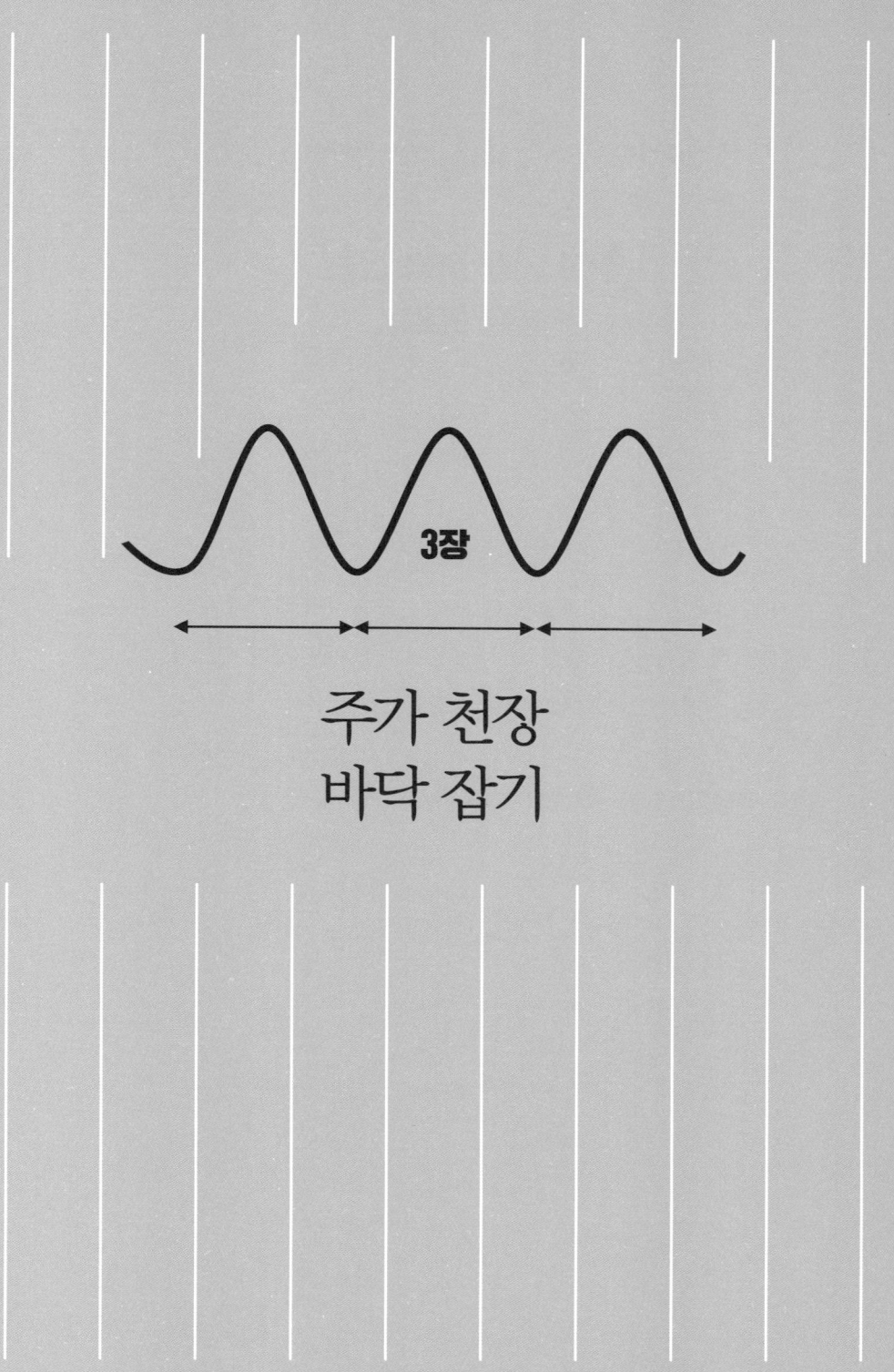

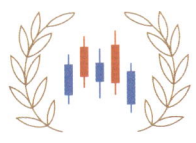

주가 천장 바닥 잡는 기본 원리

필자는 다음과 같은 내용을 통해 주가 천장과 바닥 잡기에 도전하고 있다. 이때 항상 세 가지를 순차적으로 본다. 바로 경기 매크로, 악재·호재 이벤트 그리고 차트다.

📊 **주가의 천장과 바닥을 잡기 위한 세 가지 투자 포인트**

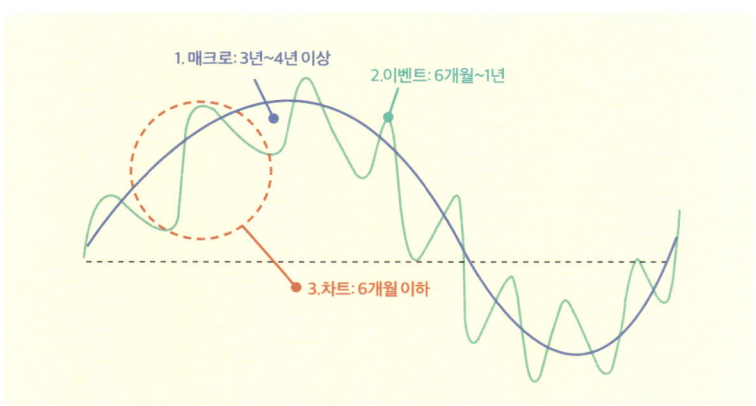

경기 매크로

경기 매크로는 경기 사이클을 가장 중요하게 참조한다. 주로 단기 사이클인 3년~4년 주기의 키친 사이클로 주가의 천장과 바닥을 예상하지만 키친 사이클 단독 하락 때는 하락폭이 적고 기간이 짧으므로 그냥 지속 보유하기도 한다. 능력이 된다면 키친 단독 하락 때 중타 매매(3개월에서 6개월 사이 주기의 주가 변동) 정도는 할 수 있다.

키친 사이클이 주글라 사이클과 겹쳐서 상승 하락하면 주가 상승 하락폭이 더 클 수 있다. 이렇게 2개의 사이클이 겹치는 브론즈 사이클, 3개 사이클이 겹치는 실버 사이클, 4개 사이클이 겹치는 골든 사이클이 있으며 더 많은 사이클이 겹칠수록 더 큰 주가 변동이 있을 수 있다. 예를 들어 리먼 쇼크는 키친, 주글라, 쿠즈네츠, 콘드라티예프 사이클이 겹친 골든 사이클 하락 시기였다.

단 2022년처럼 키친 사이클의 단독 하락이었지만 기준 금리의 과도한 인상 같은 대형 악재 이벤트가 겹칠 때도 브론즈 사이클과 동등한 정도의 큰 변동성이 발생하므로 유의해야 한다.

악재·호재 이벤트

이벤트는 경기 사이클보다 약하지만 대략 반년, 길면 1년 주기로 주가 변동을 일으킬 수 있다. 2020년의 코로나 팬데믹 사태, 2022년 연준의 금리 인상과 러시아-우크라이나 전쟁 등이 여기에 해당한다.

경기 사이클처럼 몇 년간의 장기적인 주가 변동을 일으키지는 않지만 반년 혹은 1년의 중기 주가 변동을 발생시키므로 이벤트에 유의해야 한다. 특히 비트코인 등 위험주는 이벤트에 의한 중기적인 변동폭 발생이 더 크다는 점을 염두에 두어야 한다.

차트

차트의 핵심은 약 반년 사이클의 중타 차트만을 주로 보는 것이다.

📊 주가의 계단식 상승과 하락으로 보는 사람의 심리

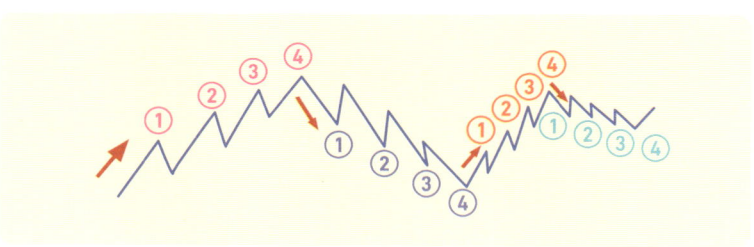

주가는 계단식으로 대략 3, 4단계 상승하고 3, 4단계 하락하는 경향이 있다. 상승과 하락폭이 크면 더 크게 주가폭이 변동하므로 그 크기 가속도 세기에 따라 스텝 간격을 잘 세야 한다. 경향을 파악했다면 욕심을 줄이고 기계적으로 분할 매매해야 성공할 수 있다.

계단식 3단계에서 절반을 매수 혹은 매도하고 계단식 4단계 혹은 그쯤에서 MACD(이동평균 수렴·확산 지표)가 방향을 바꿀 때 매매한다.

MACD와 시그널선(MACD선의 지수이동평균을 계산한 값)의 역배열과 정배열이 서로 바뀔 때는 이미 중타적인 방향이 바뀌었다는 시그널일 수 있다.

비트코인과 레버리지 종목은 중타로 마지막 고점 혹은 저점 때 개미를 속이기 위해 큰 연속 상승·하락폭을 만들고 나서 다시 하락·상승하는 경향이 있다. 이 개미 털기 시그널을 비트코인과 위험주 투자 때는 매매 시그널로 삼아야 할 것이다. 이런 개미 털기는 S&P500이나 나스닥에서는 자주 일어나지 않으나 비트코인 등 리스크 종목에서는 흔하게 나타난다.

주가란 중타에서 계단식으로 3, 4단계 상승 혹은 하락해서 산등성이와 같이 완만한 경사를 오르다가 하락하는 습성이 있다. 보통 산등성이 없이 급격하게 방향을 바꾸지는 않는다. 비트코인같이 개미 털기 마지막 급등, 급락도 멀리서 보면 역시 계단식으로 산등성이를 만들게 된다. 이 습성을 기억하고 리스크 회피를 위해 분할 매수, 매도를 하면 좋은 성과가 나올 수 있다.

MACD 활용법 노하우

마이크로스트래티지(MSTR) 일봉 차트를 통해 MACD 활용법에 대해 알아보자.

📈 마이크로스트래티지 일봉 차트

출처: 야후 파이낸스

MACD는 '12일 이동평균선-26일 이동평균선(검정선)'이다. 즉 '12일 단기 이동평균선 빼기 26일 중기 이동평균선'으로 12일선 단기 주가 변동 가속도 방향성이 양의 방향인지 음의 방향인지 알 수 있다. 주가 이동평균선은 후행 지표로 이것만으로 주가의 방향을 예측하는 것은 어렵다. 그래서 단기 중기 이동평균선의 차이를 계산하고 단기 움직임에 반응하는 MACD를 만들어 동행 지표로 활용한다.

시그널선은 MACD의 9일 이동평균선(빨간선)으로 MACD보다 장기적 평균 움직임을 나타낸다. MACD와 시그널선 아래 있는 막대는 'MACD-시그널선'을 나타낸 막대그래프다. 녹색 막대가 여러 번 나오고 나서 빨간색으로 바뀌는 것은 단기 추세가 하락한다는 의미이기 때문에 주가 고점에서 매도점으로 활용될 수 있다. 즉 보다 단기적인, 동행하는 이동평균선 반응을 나타낸다.

마이크로스트래티지 MACD 전일차 지표

이보다 선행 지표로 MACD 전일차 지표가 있다. 이 지표를 선행 지표로 활용하면 된다. 그러나 주가가 충분히 상승한 후 매도해야 한다. 앞의 차트처럼 MACD 3봉이 나온 후 매도하는 전략을 세울 수도 있다(당연히 종목에 따라 다르다). 이와 비슷하게 차트에 표시된 '계단식 상승법'과 같이 인간의 재확인 심리로 계단식 상승법 3단계가 나온 후 매도하는 방법도 있다. 그때까지 매도하지 못했다면 파란색 화살표 지점같이 MACD가 시그널선에 역배열이 나오거나 MACD가 하락을 시작했을 때가 최후의 매도 기회일 수 있다.

매수점은 중타로 녹색 화살표 부분이 될 수 있다. 이 부분 역시 인간의 확인 심리를 보여주는 예로 MACD 3번째 쌍바닥이 나오고 3번째 바닥이 더 높을 때 매수하는 전략을 세울 수 있다. 주요 특징은 주가는 하락 추세인데 MACD는 상승 추세라는 것이다. 이를 다이버전스(Divergence, 주가와 지표가 반대로 움직이는 것)라고 칭한다.

S&P500 혹은 다우 같은 주가 조작이 어려운 안정적인 지표는 상승폭 혹은 하락폭을 수차례 줄인 후 방향을 바꾸는 경향이 있다. 이후 계단식 계산법에서 자세히 알아보자.

계단식 계산법

계단식 계산법은 주가의 천장과 바닥에 가깝게 매매하는 비법으로 2020년 7월경에 고안해낸 방법이다. 필자는 안정형 인덱스 시세가 대부분 하락폭을 줄이고 나서 상승을 시작하는 현상을 발견했다. 반대로 상승폭을 줄이고 나서 주가가 하락하는 현상도 발견했다. 이 원리를 이용하여 주가의 바닥과 천장을 잡아보고자 했다. 필자는 계단식 계산법을 중타에 활용한다. 또 이 계산법은 개별주보다 안전한 S&P500 같은 인덱스에 적당하다.

먼저 알아둬야 할 개념이 있다. 주가는 다음 그림처럼 극단적으로 방향을 바꾸지 않는다.

📈 급격히 방향을 꺾는 주가

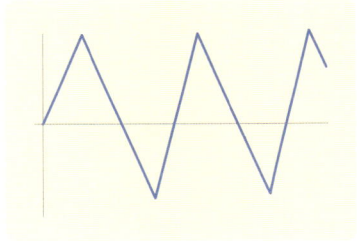

오히려 산등성이처럼 서서히 상승폭이나 하락폭을 줄이고 나서 터닝 포인트를 맞이한 뒤 방향을 바꾼다. 계단식 계산법은 이 원리를 이용한다.

📈 서서히 방향을 꺾는 주가

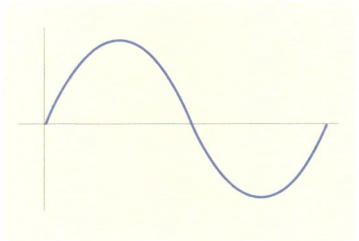

쉽게 말하면 이것은 인간의 심리 작용이다. 비단 주식시장뿐만 아니라 미국 연준의 대차대조표 자산 축소, 확대 과정에도 이 심리가 작용한다. 그것이 유명한 연준의 테이퍼링(Tapering)이다. 사전적으로는 '끝이 점점 더 가늘어지게 만들다'라는 의미다. 즉 적응 기간을 두고 서서히 단계적으로 양적 긴축 혹은 완화한다는 뜻이다.

2021년 연준은 자산 매입량을 점점 줄이고 이후 서서히 매도량을 늘려 최종 매월 900억 달러씩 자산을 줄여나갔다. 연준이 기준 금리 인상을 할 때도 마찬가지다. 미리 예고한 뒤 0.25%를 인상하고, 그다음 0.5% 인상 그리고 0.75% 인상으로 인상폭을 점점 높이는 인간의 심리적 행위를 한다. 이런 심리가 주가에도 적용된다. 주가도 눈치를 보며 서서히 오르다가 많이 오르고 눈치를 보다 다시 오른다.

계단식 하락법

주가는 일반적으로 3단계 이상 하락폭을 줄이고 나서 터닝 포인트를 맞는다. 2022년 1월 4일부터 2022년 1월 27일까지 단기 하락한 나스닥 인덱스를 살펴보면, 계단식 하락법 4단계에서 중간 주가 바닥(반년 주기로 반복되는 작은 주가 바닥)인 것을 알 수 있다.

2022년 1월 3일~1월 27일 나스닥 지수의 계단식 하향

날짜	나스닥 지수	변동률
2022-01-03	15832.8	1.20%
2022-01-04	15622.72	-1.33%
2022-01-05	15100.17	-3.34%
2022-01-06	15080.86	-0.13%
2022-01-07	14935.9	-0.96%
2022-01-10	14942.83	0.05%
2022-01-11	15153.45	1.41%
2022-01-12	15188.39	0.23%
2022-01-13	14806.81	-2.51%
2022-01-14	14893.75	0.59%
2022-01-18	14506.9	-2.60%
2022-01-19	14340.26	-1.15%
2022-01-20	14154.02	-1.30%
2022-01-21	13768.92	-2.72%
2022-01-24	13855.13	0.63%
2022-01-25	13539.29	-2.28%
2022-01-26	13542.12	0.02%
2022-01-27	13352.78	-1.40%

■ 계단식 하락 1단계 ■ 계단식 하락 2단계 ■ 계단식 하락 3단계 ■ 계단식 하락 4단계

    2022년 1월 4일 1.33% 하락으로 1단계 하락, 1월 5일 이보다 더 큰 3.34% 하락으로 다시 1단계 하락을 갱신했다. 1월 6일 0.13% 하락으로 2단계, 1월 7일 0.96% 하락으로 2단계를 갱신했다. 1월 13일 2.51% 하락으로 다시 2단계, 1월 18일 2.6% 하락으로 2단계를 다시 갱신했다. 이런 식으로 계산하면 결국 1월 27일 1.4% 하락으로 4단계 하락을 맞고 주가가 단기적으로 재상승했다. 이처럼 계단식 하락법은 절대치 크기가 더 큰 하락이 나오면 전 단계로 복귀한다. 절대치가 작으면 계단식

단계 숫자가 증가한다. 이것이 필자의 고유한 계단식 하락법이다.

계단식 상승법

계단식 상승법은 계단식 하락법과 원리가 같다. 계단식 하락법을 응용하여 2022년 5월경에 고안한 것이다. 2022년 5월 25일부터 2022년 6월 7일까지 주가가 일시 상승한 구간에 계단식 상승법을 적용하면 다음과 같다.

2022년 5월 25일~6월 7일 나스닥 지수의 계단식 상향

날짜	나스닥 지수	변동률
2022-05-25	11434.74	1.51%
2022-05-26	11740.65	2.68%
2022-05-27	12131.13	3.33%
2022-05-28	12081.39	-0.41%
2022-06-01	11994.46	-0.72%
2022-06-02	12316.9	2.69%
2022-06-03	12012.73	-2.47%
2022-06-06	12061.37	0.40%
2022-06-07	12175.23	0.94%

■ 계단식 상향 1단계 ■ 계단식 상향 2단계 ■ 계단식 상향 3단계

2022년 5월 25일 나스닥 지수가 1.51% 상승하여 1단계를 맞았다. 그러나 5월 26일 2.68% 상승하여 다시 1단계가 되었다. 5월 27일 3.33% 상승으로 다시 1단계가 되고 6월 2일 상승폭이 2.69%로 줄어

2단계가 됐다. 6월 6일 0.4%로 상승폭이 또 줄어 3단계 상승이 왔다. 6월 7일 0.94%를 상승하여 3단계를 갱신하고 주가가 중간 천장을 찍고 하락했다.

계단식 계산법 주의사항

계단식은 방향이 확실한 초중반 주가 대폭락 시 메인으로 적용한다. 주가 바닥쯤인 양방 리스크가 있을 때는 적용할 때 주의해야 한다. 계단식 계산법은 3단계 이상에서 매수, 매도하면 되나 최대 5단계에서 매수, 매도할 수 있다. 확실하게 정해진 룰은 없고 감각과 노하우가 핵심이다. 또 중요한 이벤트가 있을 때는 이벤트를 함께 고려해야 한다.

즉 2022년 4월 18일에서 4월 21일 사이에는 계단식 하락법이 5단계까지 왔었으나 매수하지 않고 2022년 5월 4일 파월의 기준 금리 인상 결정을 기다렸었다. 5월 4일 기준 금리를 이전 0.25% 인상에서 0.5% 인상으로 인상폭을 올리는 큰 악재가 있었기 때문에 주가가 추가로 하락할 것이라 예상됐기 때문이다.

게다가 4월 12일 변동성 물가를 제외한 높은 미국 근원 소비자 물가 지수 6.5% 발표에 이어 5월 11일 근원 소비자 물가 지수도 예상치인 6%보다 높은 6.2%가 나와 주가 하락이 이어졌다.

📊 2022년 3월 30일~5월 11일 나스닥 지수의 계단식 하향

날짜	나스닥 지수	변동률
2022-03-30	14442.27	-1.21%
2022-03-31	14220.52	-1.54%
2022-04-01	14261.5	0.29%
2022-04-04	14532.55	1.90%
2022-04-05	14204.17	-2.26%
2022-04-06	13888.82	-2.22%
2022-04-07	13897.3	0.06%
2022-04-08	13711	-1.34%
2022-04-11	13411.96	-2.18%
2022-04-12	13371.57	-0.30%
2022-04-13	13643.59	2.03%
2022-04-14	13351.08	-2.14%
2022-04-18	13332.36	-0.14%
2022-04-19	13619.66	2.15%
2022-04-20	13453.07	-1.22%
2022-04-21	13174.65	-2.07%
2022-04-22	12839.29	-2.55%
2022-04-25	13004.85	1.29%
2022-04-26	12490.74	-3.95%
2022-04-27	12488.93	-0.01%
2022-04-28	12871.53	3.06%
2022-04-29	12334.64	-4.17%
2022-05-02	12536.02	1.63%
2022-05-03	12563.76	0.22%
2022-05-04	12964.86	3.19%
2022-05-05	12317.69	-4.99%
2022-05-06	12144.66	-1.40%
2022-05-09	11623.25	-4.29%
2022-05-10	11737.67	0.98%
2022-05-11	11364.24	-3.18%

■ 계단식 하락 1단계 ■ 계단식 하락 2단계 ■ 계단식 하락 3단계 ■ 계단식 하락 4단계 ■ 계단식 하락 5단계

📊 미국 근원 소비자 물가 지수

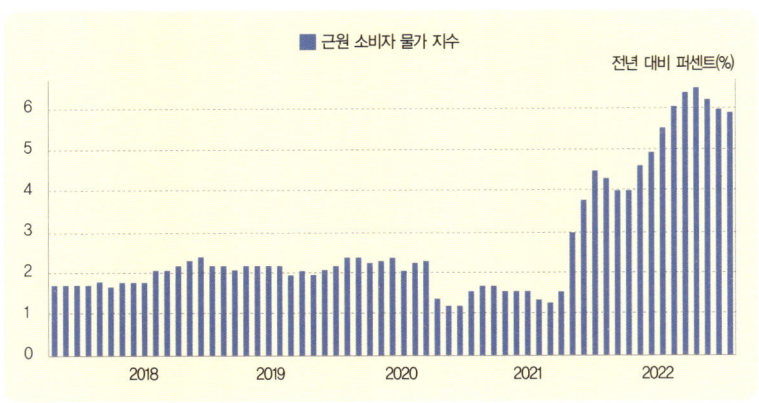

출처: 인베스팅닷컴

계단식 계산법을 3단계까지 적용한다면?

그럼 계단식 계산법을 4단계~5단계까지 적용하지 않고 2022년 하락장에 계단식 3단계와 5월의 큰 이벤트만 고려하여 매수, 매도했을 때 수익이 어떻게 나오는지 알아보자. 계단식 3단계와 2022년 5월의 이벤트만 고려하여 매수, 매도하면 2022년 7월 나스닥 인덱스 기준 다음과 같은 수익을 얻을 수 있었다.

📊 나스닥 인덱스 기준 계단식 계산법 3단계 적용 시 수익률

날짜(2022년)	계단식 하락법 3단계 매수	계단식 상승법 3단계 매도	수익률
1월 19일~2월 9일	14340.3	14417.5	0.5%
3월 1일~3월 22일	13532.5	14108.8	4.3%
5월 11일~6월 6일	11364.2	12061.4	6.1%
6월 22일~7월 6일	11053.1	11361.9	2.8%

그냥 보유했을 때(2022년 1월 19일~7월 6일)는 약 20.8% 손실이다. 2022년 하락장에 다른 투자자들은 20%~80%까지 손실을 볼 때 계단식 계산법을 적용했다면 반대로 나스닥 인덱스 기준 13.7% 수익을 낼 수 있었던 것이다. 이를 잘 응용하면 다음 경기 사이클 때도 수익을 얻을 수 있을 것이다.

계단식 계산법 익절 예시

필자는 계단식 계산법과 큰 사건 이벤트를 함께 보는 방식으로 2022년 큰 하락장에서 총 5차례 전부 익절했다. 대부분 전문가들과 일반인들이 손실을 보았을 때 기록한 수익이었다. 다음은 그 기록을 정리한 일지다.

2022 나스닥 계단식 계산법 매매 일지

2022년 나스닥	결과	계단식 단계	진입한 시기 / 탈출한 시기	비고
1월 27일 중간 바닥	익절	하락법 4단계	1월 27일 진입	연준 이벤트 1월 26일
2월 9일 중간 천장		상승법 3단계	2월 3일 탈출	
3월 14일 중간 바닥	익절	하락법 3단계	3월 17일 진입	연준 이벤트 3월 16일
3월 29일 중간 천장		상승법 5단계 2회	3월 24일 탈출	
5월 24일 중간 바닥	익절	하락법 3단계	5월 2일 진입	연준 이벤트 5월 4일
6월 7일 중간 천장		상승법 3단계 2회	6월 9일 탈출	
6월 16일 중간 바닥	익절	하락법 3단계	6월 22일 진입	연준 이벤트 6월 15일
		상승법 3단계 2회	7월 8일 탈출	
8월 15일 중간 천장	익절	하락법 2단계	7월 28일 종가 진입	소비자 물가 지수 8월 10일
		상승법 5단계	8월 22일 종가 탈출	

사이클을 활용한 계단식 계산법

다음은 키친 사이클과 계단식 계산법을 활용한 예시다. 핵심은 키친 사이클의 천장 예상 시기를 전후로 익절하는 것이다.

미국 키친 사이클 정리

천장	바닥	천장 - 천장 갭
2007.6	2005.9	-
2010.11	2009.3	3년 5개월
2014.7	2012.7	3년 8개월
2018.6	2016.8	3년 11개월
2022.1	2020.3	3년 7개월
2025.9(예측)	2023.1	3년 8개월(예측)

예시1: 2022년 1월 나스닥 키친 사이클 천장

2022년 1월(빨간색 수직선), 키친 사이클 예상 천장 시기를 기준으로 잡는다.

📊 2021-2022 나스닥 키친 사이클 천장을 기준으로 보는 계단식 계산법

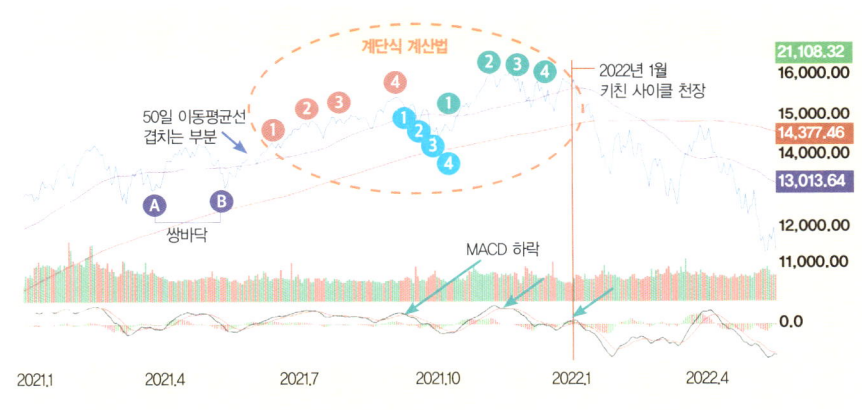

출처: 야후 파이낸스

키친 천장 몇 달 혹은 반년 전 주가 폭락 지점부터 카운트한다. 보통 A, B와 같은 더블 하락(쌍바닥)이 나온 이후 시작될 수 있다. 계단식 계산법은 상승 가속도 세기를 보고 적절한 간격으로 센다. 그렇게 2개월 이상 기다린다. 계단식 상승법 3단계에서 절반 익절한다(빨간색 숫자 ③). 파란색 화살표같이 일봉 기준 50일 이동평균선(보라색)에 걸친 작은 상승 봉은 계단식 계산법에서 제외한다. 이후 계단식 상승법 4단계에서 전부 익절하거나 4단계가 나올 즈음 MACD가 하락을 시작하면 전부 익절한다(녹색 화살표, 하락 시그널).

익절 후 아직 키친 사이클 천장이 아닌데 주가가 하락한다면 가속도를 보고 계단식 하락법 3단계에서 절반 매수한다(파란색 숫자 중). 계단식 하락법 4단계 혹은 MACD가 상승을 시작하면 전부 매수한다. 그 후 1개월 이상 기다린다. 계단식 상승법 3단계에서 절반 익절한다. 4단계 혹은 MACD가 하락하면 전부 익절한다(녹색 숫자 ④).

다시 한번 강조하지만 계단식 계산법은 상승, 하락 가속도 세기를 고려하여 적절한 간격으로 세야 한다. 익절 시기에는 RSI(Relative Strength Index, 상대강도지수) 70 전후로 상승하는 시그널이 나온다(사각형).

주가 정배열일 때는 보통 50일 이동평균선(보라색)에서 주가가 평소보다 2배 더 높은 이격이 발생할 때가 익절 적기다. 또 사람들이 포모 매수하는 시기와 수익 인증을 하는 시기가 인간 시그널 도래기로 익절해야 할 타이밍이다. 욕심을 버리고 기계적 매매와 분할 매수, 매도를 한다.

이 법칙은 키친과 주글라가 함께 하락하는 브론즈 사이클 때와 혹은 이와 버금가는 큰 변동 시기에만 적용한다(예: 2022년 키친 사이클 단독 하락이나 기준 금리 인상 대형 악재 이벤트가 겹쳤을 때). 키친 단독 하락 때와 평범한 악재 때는 보유 상태로 그냥 지나칠 수 있다.

예시2: 2018년 6월 나스닥 키친 사이클 천장

2018년 6월(빨간색 수직선), 키친 사이클 예상 천장 시기를 기준으로 잡는다.

📊 2017–2018 나스닥 키친 사이클 천장을 기준으로 보는 계단식 분할 매도법

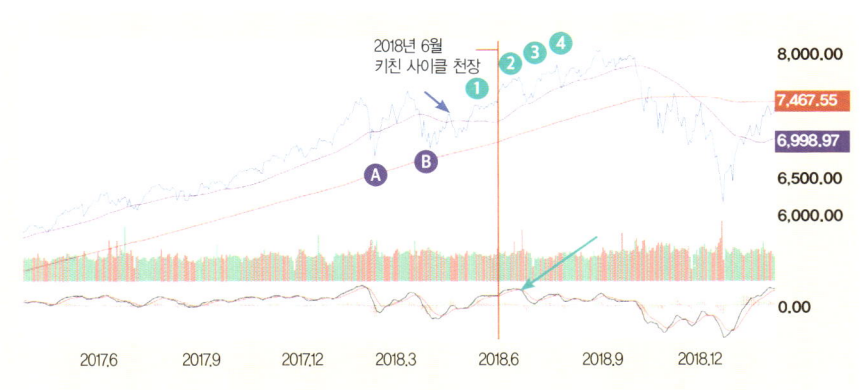

출처: 야후 파이낸스

키친 천장 몇 달 혹은 반년 전 주가 폭락 지점부터 보통 A, B와 같은 더블 하락이 나온 이후 시작될 수 있다. 계단식 계산법은 상승 가속도 세기를 보고 적절한 간격으로 센다. 2개월 이상 기다린다. 계단식 상승법 3단계에서 절반 익절한다(초록색 숫자 ③). 파란색 화살표같이 일봉 기준 50일 이동평균선(보라색)에 걸친 작은 상승 봉은 계단식 카운트에서 제외한다. 이후 계단식 상승법 4단계에서 전부 익절하거나 MACD가 하락하면 전부 익절한다(녹색 화살표).

다이버전스 매매법

필자가 다이버전스 매매법을 강조하는 것은 배웠기 때문이 아니다. 어떤 현상이 일어나면 주가가 대부분 폭락하는 현상을 발견했다. 그때 '뭘까?' 하고 찾아본 것이 바로 다이버전스 현상이었다. 지금도 필요성을 몸소 느끼고 사용 중이다.

이 책에서는 과거를 복기하여 재현될 가능성이 큰 부분만 기술한다. 약 2033년까지 콘드라티예프 사이클 상승기이므로 주가 상승 가능성이 S&P500보다 더 큰 나스닥 위주로 살펴보자. S&P500과 나스닥의 천장 매도, 바닥 매수 시기는 큰 차이가 없어서 동일하게 봐도 된다.

다이버전스는 앞서 살펴봤듯이 주가 추세가 약화됐을 때 주가 추세와 MACD/RSI 쌍봉 추세가 서로 반대로 움직이는 현상을 말한다. 주가가 천장에 도달하기 직전에는 산등성이 구간같이 완만한 상승 구간이 생기는 경우가 많다. 즉 상승 가속도가 줄어들고 나서야 천장에 도달한다. 이런 예는 기술혁신 S커브 등 세상에 무수한 예가 있다.

즉 다이버전스 매매법은 천장 전 뜸들이는 시그널을 이용해 천장 부근에서 익절하는 비법이다. 키친 사이클 천장 전에 MACD, RSI의 쌍봉이 나오고, 두 번째 봉이 첫 번째 봉보다 낮을 때(즉 다이버전스 발생 시) 매도하는 기법이다.

두 번째 봉이 나온 것을 확인하기 위해서는 MACD가 상승 가속도를 줄이고 산등성이 형태를 보이며 하락을 시작해야 알 수 있다. 이때 매도한다. 단 계단식 상승법 3, 4단계 이후부터 매도한다. 이 기법은 중타 매도 기법으로도 활용할 수 있다.

📊 다이버전스 매매법 적용

나스닥 천장 및 주가 (종가 기준)		키친 사이클 천장 2개월 전부터 MACD, RSI 쌍봉이 나온 뒤 두 번째 하락을 시작할 때 매도 (종가 기준)		나스닥 천장 대비 주가
2021.11.19	16057.44	2021.11.20	15854.76	-1.3%
2018.8.29	8109.69	2018.7.20	7820.2	-3.6%
2007.10.31	2859.12	2007.6.5	2611.23	-8.7%

📈 2021-2022 나스닥 키친 사이클 천장을 이용한 다이버전스 매매

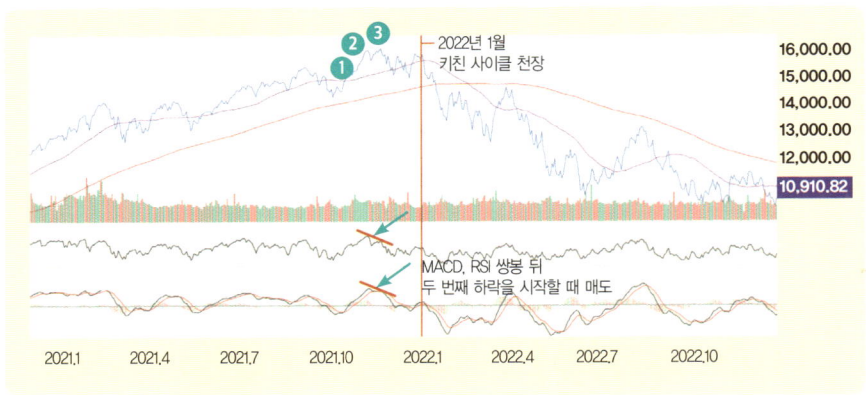

출처: 야후 파이낸스

　2022년 1월(빨간색 수직선)이 키친 천장이고 그 두 달 전부터 카운트한다. MACD와 RSI 쌍봉이 나오고 두 번째 봉의 높이가 첫 번째 봉의 높이보다 낮아져서 주가 상승 가속도가 떨어졌을 때 두 번째 봉에서 매도한다.

📊 2017-2019 나스닥 키친 사이클 천장을 이용한 다이버전스 매매

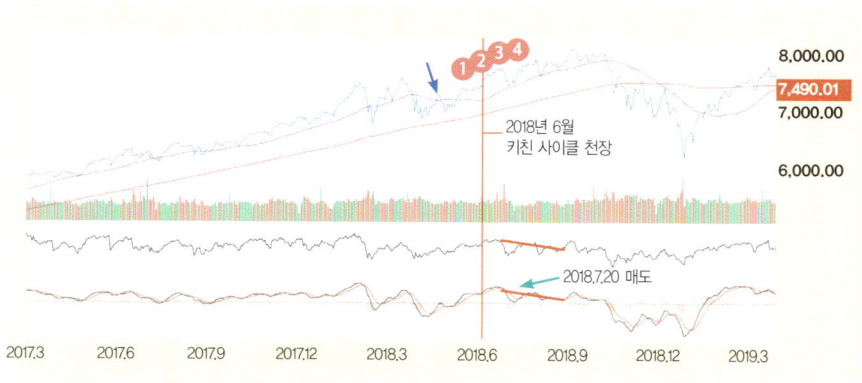

2018년 6월(빨간색 수직선)이 키친 천장이고 그 2개월 전부터 카운트한다. MACD RSI 쌍봉이 나오고 두 번째 봉의 높이가 첫 번째 봉의 높이보다 낮아져서 주가 상승 가속도가 떨어졌을 때 두 번째 봉에서 매도한다. 파란색 화살표의 봉은 50일 이동평균선(보라색)을 완전히 통과하지 못한 저항 구간으로 계단식 상승법 카운트에서 제외한다.

📊 2006-2008 나스닥 키친 사이클 천장을 이용한 다이버전스 매매

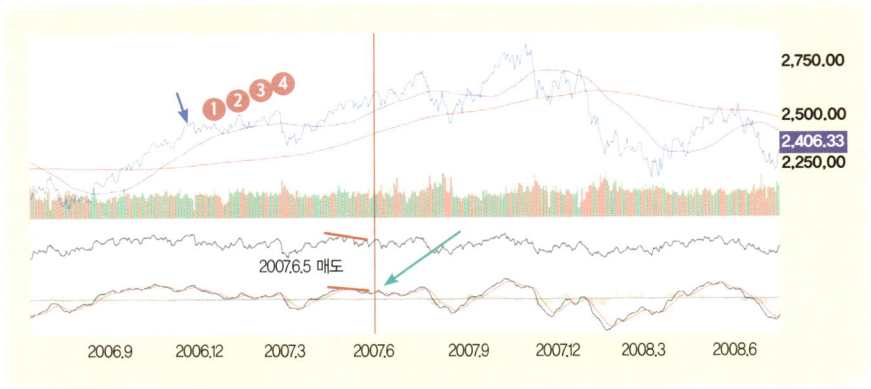

출처: 야후 파이낸스

    2007년 6월(빨간색 수직선)이 키친 천장이고 그 2개월 전부터 카운트한다. MACD RSI 쌍봉이 나오고 두 번째 봉의 높이가 첫 번째 봉의 높이보다 낮아져서 주가 상승 가속도가 떨어졌을 때 두 번째 봉에서 매도한다. 파란색 화살표의 봉은 50일 이동평균선(보라색)을 완전히 통과하지 못한 저항 구간으로 계단식 상승법 카운트에서 제외한다.

📊 다이버전스 매매법 요약

투자 분류	성장주 인덱스 ETF(나스닥)
투자 시기	키친 사이클 고점 이전까지만 투자
매수, 매도 횟수	키친 사이클 내 1회가 기본이나 매년 1회씩 매수, 매도 가능
매도점	1. 키친 사이클 천장 2개월 전부터 관찰해서 MACD 다이버전스 쌍봉 출현 시 매도. 이후 MACD와 시그널선 역배열 시 전량 매도한다. 2. 키친 사이클과 주글라 사이클이 함께 하락하는 브론즈 사이클 이상의 주가 대폭락 시기와 이와 동등한 사이클에서만 적용한다. 3. 키친 사이클 단독 하락 때 주로 나타나는 주가 하락폭이 적고 하락 기간이 짧은 사이클에서는 본 비법을 적용하지 않고 중타로 매도, 매수한다.

-3% 폭락 후 익절 매매법

키친 천장 2개월 전부터 -3% 폭락이 나오면 익절하는 방법이다. 단 키친, 주글라 사이클이 함께 하락하는 브론즈 사이클과 이와 동등한 사이클에서만 적용해야 한다. 큰 폭락이 온다는 것은 큰 악재의 암시일 수 있다. 단 키친 사이클 천장 전후 매크로 경기가 하락을 시작할 때 유효하다.

📊 -3% 폭락 후 익절 매매법 적용

나스닥 천장 및 주가 (종가 기준)		미국 키친 사이클 천장 2개월 전부터 당일 -3% 이상 폭락할 시 매도 (종가 기준)		나스닥 천장 대비 주가
2021.11.19	16057.44	2022.1.5	15100.17(-3.3%)	-6%
2018.8.29	8109.69	2018.10.10	7422.05(-4.1%)	-8.5%
2007.10.31	2859.12	2008.1.4	2504.65(-3.8%)	-12.4%

이 매매법을 적용하면 리먼 쇼크 때는 나스닥 천장 시세 대비 -12.4% 낮게 익절하게 되나 훌륭한 매도였다. 특히 2021년 키친 천장 때는 그 차이가 -6%로 양호했다. 이 매도법이 2022년 1월 5일 실제로 천장을 잡은 데 사용했던 비법이다.

키친 사이클
천장 매매법

필자가 계산한 키친 사이클 천장에서 매도하는 방법이다. 단 키친, 주글라 사이클이 함께 하락하는 브론즈 사이클과 이와 동등한 사이클에서만 적용하여 매도한다.

📊 키친 사이클 천장 매매법 적용

나스닥 천장 및 주가 (종가 기준)		미국 키친 사이클 천장 및 주가 (종가 기준)		나스닥 천장 대비 주가
2021.11.19	16057.44	2022.1.1	15832.8	-1.4%
2018.8.29	8109.69	2018.6.1	7554.33	-6.85%
2007.10.31	2859.12	2007.6.1	2613.92	-8.56%

키친 사이클 천장에서 매도하면 리먼 쇼크 때는 나스닥 천장 시세 대비 -8.56% 낮게 익절하게 되었으나 훌륭한 매매였다. 특히 2021년 키친 천장 때는 그 차이가 -1.4%로 아주 양호했다. 천장 잡기가 불가능하다고 말하는데 이만하면 성공적인 천장 잡기가 된 것이 아닌가?

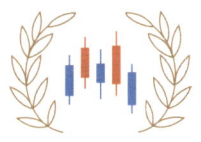

전월 대비
재고량 매매법

전월 대비 재고량의 일시 하락 후 7개월째 익절하는 매매법이다.

📊 전월 대비 재고량 매매법 적용

나스닥 천장 및 주가 (종가 기준)		키친 천장 1년 전부터 재고량 일시 하락 후 7개월째 매도 (종가 기준)		나스닥 천장 대비 주가
2021.11.19	16057.44	2021.10.1	14566.7	-9.3%
2018.8.29	8109.69	2018.10.1	8037.3	-0.9%
2007.10.31	2859.12	2007.10.1	2740.99	-4.1%

키친 사이클 천장 1년 전부터 본다. 필자의 재고량 전월비 일시 하락 최하치(약 1이하)부터 7개월째에 매도한다. 나스닥 천장 시세 대비 -0.9%에서 -9.3% 낮게 익절하게 되어 훌륭한 매도였다.

📊 재고량 일시 하락 후 매도 시점

날짜	재고량 값	재고량 전월비	날짜	재고량 값	재고량 전월비
2020-08-01	1933732	11.22	2017-07-01	1885696	6.96
2020-09-01	1947255	13.52	2017-08-01	1896402	10.71
2020-10-01	1967170	19.92	2017-09-01	1899836	3.43
2020-11-01	1979833	12.66	2017-10-01	1900768	0.93
2020-12-01	1991890	12.06	2017-11-01	1909729	8.96
2021-01-01	2009735	17.85	2017-12-01	1917272	7.54
2021-02-01	2025751	16.02	2018-01-01	1925945	8.67
2021-03-01	2026455	0.70	2018-02-01	1935729	9.78
2021-04-01	2030487	4.03	2018-03-01	1934698	−1.03
2021-05-01	2046564	16.08	2018-04-01	1939183	4.49
2021-06-01	2063358	16.79	2018-05-01	1942052	2.87
2021-07-01	2090771	27.41	2018-06-01	1944758	2.71
2021-08-01	2110438	19.67	2018-07-01	1956703	11.95
2021-09-01	2134263	23.83	2018-08-01	1967346	10.64
2021-10-01	2166413	32.15	2018-09-01	1978179	10.83
2021-11-01	2202705	36.29	2018-10-01	1988115	9.94
2021-12-01	2257524	54.82	2018-11-01	1987502	−0.61
			2018-12-01	2001961	14.46

■ 재고량 일시 하락　■ 일시 하락 후 7개월 후 매도 시점

선행 지수 매매법

 이 세상에는 수많은 경제 지표가 난무한다. 무엇을 봐야 할지, 어느 것이 중요한지 어떻게 판단해야 할지 도무지 알 수가 없다. 주가 대폭락 시 바닥을 가늠하기 위해서는 OECD 경기 선행 지수만 봐도 된다. 하락하던 경기 선행 지수가 하락폭을 연속으로 줄이면 조만간 주가가 바닥을 찍는 경향이 있다.

 그때는 보통 비관적 심리가 극에 달해서 주가의 추가 폭락 예상 뉴스가 흘러나올 때다. 그런데 거짓말같이 주가는 공포 속에 다시 상승하기 시작한다. 이는 주가가 미래의 가치를 예상하여 미리 상승하는 선행 지수이기 때문이다. 전문가들조차 주가가 선행 지수라는 것을 모르는 경우도 있다.

 그렇다면 선행 지수로 주가 바닥을 정확히 잡을 수는 없을까? 오차가 몇 개월 나더라도 주가 바닥을 잡을 수 있다면 장기 주식 투자에서 절반은 성공한 셈이다. 바닥의 징조는 전월비 하락률을 이용한다. 하락률이 증가하다가 감속하는 것이 시그널이다. 대개 하락률이 2개월 연속 감소한 이후 4개월 안에 주가가 바닥을 쳤다.

OECD G20 CLI 두 달 연속 하락폭 축소 시점

CLI의 발표 시점은 집계가 필요하므로 과거에는 1개월~2개월 정도 지연됐었다. 단 2025년에는 그 지연시간이 10일 이내로 더 짧아졌다. 이를 고려할 필요가 있다.

OECD G20 CLI 값이 두 달 연속 하락폭 축소된 시기의 주가

주가 폭락 시기	OECD G20 CLI 두 달 연속 하락폭 축소	나스닥 주가 바닥	차이
2022년 키친 하락	2022년 8월	2022년 10월 13일	2개월 빠름
2018년 키친, 주글라 하락	2019년 1월	2018년 12월 23일	1개월 늦음
2015년 키친 하락	2015년 12월	2016년 2월 11일	2개월 빠름
2011년 키친, 주글라 하락	2011년 11월	2011년 10월 3일	1개월 늦음
리먼 쇼크 키친, 주글라 하락	2009년 2월	2009년 3월 9일	1개월 빠름
IT 쇼크2 키친, 주글라 하락	2003년 1월	2003년 3월 11일	2개월 빠름
IT 쇼크1 키친, 주글라 하락	2001년 5월	2001년 9월 21일	4개월 빠름
1990년 키친, 주글라 하락	1991년 2월	1990년 10월 11일	4개월 늦음
오일 쇼크2 키친, 주글라 하락	1982년 8월	1982년 8월 12일	일치
오일 쇼크1 키친, 주글라 하락	1975년 1월	1974년 10월 3일 1974년 12월 23일	진바닥 3개월 늦음 쌍바닥 1개월 늦음

※2018년 11월 데이터

그 당시 발표났던 구체적인 데이터로 OECD G20 CLI 값을 확인해보자. 2018년 10월~11월 값을 보면 당시 선행 지수 하락치가 두 달 연속 감소한 것을 확인할 수 있다.

📊 **2018 OECD G20 CLI 값 추이**

날짜	OECD G20 CLI 값	전월비 하락률
2018-01	100.43	-
2018-02	100.39	-0.04%
2018-03	100.31	-0.08%
2018-04	100.21	-0.10%
2018-05	100.1	-0.11%
2018-06	99.99	-0.11%
2018-07	99.86	-0.13%
2018-08	99.73	-0.13%
2018-09	99.58	-0.15%
2018-10	99.45	-0.13%
2018-11	99.32	-0.13%

■ 전월비 하락률 축소된 시점

2015년 9월~10월에도 당시 선행 지수 하락치가 두 달 연속 감소한 것을 확인할 수 있다.

📊 **2015 OECD G20 CLI 값 추이**

날짜	OECD G20 CLI 값	전월비 하락률
2015-01	100.35	-
2015-02	100.32	-0.04%
2015-03	100.28	-0.08%
2015-04	100.22	-0.10%
2015-05	100.15	-0.11%
2015-06	100.07	-0.11%
2015-07	99.98	-0.13%
2015-08	99.88	-0.13%
2015-09	99.8	-0.15%
2015-10	99.76	-0.13%

■ 전월비 하락률 축소된 시점

2011년 8월~9월에도 선행 지수 하락치가 두 달 연속 감소한 것을 확인할 수 있다.

2010-2011 OECD G20 CLI 값 추이

날짜	OECD G20 CLI 값	전월비 하락률
2010-11	102.31	-
2010-12	102.61	0.29%
2011-01	102.86	0.24%
2011-02	102.98	0.12%
2011-03	102.93	-0.05%
2011-04	102.7	-0.22%
2011-05	102.34	-0.35%
2011-06	101.88	-0.45%
2011-07	101.37	-0.50%
2011-08	100.87	-0.49%
2011-09	100.44	-0.43%

■ 전월비 하락률 축소된 시점

2008년 11월~12월에도 선행 지수 하락치가 두 달 연속 감소한 것을 확인할 수 있다.

2008 OECD G20 CLI 값 추이

날짜	OECD G20 CLI 값	전월비 하락률
2008-01	101.04	-
2008-02	100.86	-0.18%
2008-03	100.63	-0.23%
2008-04	100.34	-0.29%
2008-05	99.93	-0.41%
2008-06	99.38	-0.55%
2008-07	98.63	-0.75%
2008-08	97.68	-0.96%
2008-09	96.53	-1.18%
2008-10	95.27	-1.31%
2008-11	94.04	-1.29%
2008-12	92.95	-1.16%

■ 전월비 하락률 축소된 시점

그 외 근거 데이터

📊 2002 OECD G20 CLI 값 추이

날짜	OECD G20 CLI 값	전월비 하락률
2002-02	99.22234	0.23%
2002-03	99.40923	0.19%
2002-04	99.5105	0.10%
2002-05	99.50954	0.00%
2002-06	99.41345	-0.10%
2002-07	99.25763	-0.16%
2002-08	99.08234	-0.18%
2002-09	98.90848	-0.18%
2002-10	98.75391	-0.16%
2002-11	98.62408	-0.13%

■ 전월비 하락률 축소된 시점

📊 2000-2001 OECD G20 CLI 값 추이

날짜	OECD G20 CLI 값	전월비 하락률
2000-06	101.5268	-0.10%
2000-07	101.3956	-0.13%
2000-08	101.2309	-0.16%
2000-09	101.0276	-0.20%
2000-10	100.775	-0.25%
2000-11	100.4766	-0.30%
2000-12	100.1422	-0.33%
2001-01	99.80456	-0.34%
2001-02	99.50116	-0.30%
2001-03	99.25326	-0.25%

■ 전월비 하락률 축소된 시점

📈 1990 OECD G20 CLI 값 추이

날짜	OECD G20 CLI 값	전월비 하락률
1990-08	99.76147	-0.31%
1990-09	99.42321	-0.34%
1990-10	99.10016	-0.32%
1990-11	98.8336	-0.27%
1990-12	98.65911	-0.18%

■ 전월비 하락률 축소된 시점

📈 1982 OECD G20 CLI 값 추이

날짜	OECD G20 CLI 값	전월비 하락률
1982-01	98.65722	-0.11%
1982-02	98.47179	-0.19%
1982-03	98.26038	-0.21%
1982-04	98.04307	-0.22%
1982-05	97.83795	-0.21%
1982-06	97.65844	-0.18%

■ 전월비 하락률 축소된 시점

📈 1974 OECD G20 CLI 값 추이

날짜	OECD G20 CLI 값	전월비 하락률
1974-08	97.75101	-0.57%
1974-09	97.18814	-0.58%
1974-10	96.6759	-0.53%
1974-11	96.269	-0.42%

■ 전월비 하락률 축소된 시점

데이터를 보면 2개월 연속 하락폭을 줄인 발표 시기가 바닥 시기 대비 몇 달 빠르기도 하고 몇 달 느리기도 하다. 그래도 몇 달 오차로 주가 바닥을 알 수 있다는 것은 장기 주식 투자가들에게는 주식을 저렴하게 매수할 수 있는 큰 힘이 된다. 3년 정도 투자 기간을 볼 때 몇 달 오차는 큰 문제가 안 된다. 욕심을 부리는 사고방식은 위험하지만 바닥을 더 정확히 잡기 위해 왜 이런 오차가 발생했는지 고찰해보자. 이는 도박이 아니라 실력으로 바닥 예측 정밀도를 높이는 행위다.

바닥 시기가 빠른 것은 대처할 수 있지만 느린 것은 문제가 된다. 바닥 때 매수를 못 하고 지나치기 때문이다.

CLI 하락폭 시기와 금리 인상 중단 시기

OECD G20 CLI와 기준 금리 인상 중단 시기를 한번 살펴보자.

📊 OECD G20 CLI 하락폭 시기가 주가 바닥보다 더 늦은 경우

주가 폭락 시기	OECD G20 CLI 두 달 연속 하락폭 축소	나스닥 주가 바닥	차이	기준 금리 인상 중단
2018년 키친, 주글라 하락	2019년 1월	2018년 12월 23일	1개월 늦음	2018년 12월
2011년 키친, 주글라 하락	2011년 11월	2011년 10월 3일	1개월 늦음	2010년 3월
1990년 키친, 주글라 하락	1991년 2월	1990년 10월 11일	4개월 늦음	1989년 4월
오일 쇼크1 키친, 주글라 하락	1975년 1월	1974년 10월 3일 1974년 12월 23일	진바닥 3개월 늦음 쌍바닥 1개월 늦음	1974년 6월

OECD G20 CLI 하락폭 시기가 주가 바닥보다 더 빠른 경우

주가 폭락 시기	OECD G20 CLI 두 달 연속 하락폭 축소	나스닥 주가 바닥	차이	기준 금리 인상 중단
2015년 키친 하락	2015년 12월	2016년 2월 11일	2개월 빠름	2016년 1월
리먼 쇼크 키친, 주글라 하락	2009년 2월	2009년 3월 9일	1개월 빠름	2006년 1월
IT 쇼크2 키친, 주글라 하락	2003년 1월	2003년 3월 11일	2개월 빠름	2003년 2월
IT 쇼크1 키친, 주글라 하락	2001년 5월	2001년 9월 21일	4개월 빠름	2000년 7월

OECD G20 CLI 하락폭 시기와 주가 바닥이 같은 경우

주가 폭락 시기	OECD G20 CLI 두 달 연속 하락폭 축소	나스닥 주가 바닥	차이	기준 금리 인상 중단
오일 쇼크2 키친, 주글라 하락	1982년 8월	1982년 8월 12일	일치	1981년 7월

MMT 실시 이후로, 우리는 통화정책에 좌우되는 시대를 살고 있다. 그래서 지금은 MMT 이후 데이터만 봐도 된다. MMT 이전에는 데이터 발표까지 2개월 걸렸고 이후는 약 1개월만 걸려 데이터 발표 지연의 문제점도 있었다.

MMT 이후만 보면 2018년의 경우 좋은 시그널이 있다. 연준에서 주가 대폭락 우려에 올리던 기준 금리를 2.5%로 동결하겠다고 선언한 것이다. 즉 더 이상 올리지 않고 그 후 기준 금리를 네 차례 인하했었다. 주가 폭락이 상당히 진행 중이고 기준 금리 인상을 진행 중이었는데 인상을 중단했다면 그쯤에서 주식 매수 시그널이 되는 것이다. 이때가 중립 금리를 돌파한 시점으로 판단된다.

중립 금리란 기업과 사람이 정상적으로 버틸 수 있는 한계 금리다. 이보다 금리를 더 높이면 경제와 주가가 무너질 수 있다. 2018년 12월의 경우 중립 금리를 돌파했기 때문에 연준의 기준 금리 인상 중단은 시장에서 어느 정도 신뢰가 가능한 데이터였다.

금리 조정 정책은 사회주의적 계획 경제 제도다. MMT 이후는 연준이 금리를 과격히 내리거나 정부에서 유동성을 대량 투입하는 행위로 주가가 상승할 수 있다. 코로나 팬데믹 때 기준 금리 인하와 유동성 투입으로 주가가 폭등한 것이 그 예다. 2011년의 경우 주가 바닥은 2011년 10월 3일이었으나 2개월 연속 선행 지수 하락은 1개월 늦은 2011년 11월 11일에 발표가 났다.

📈 2011-2012 나스닥 일봉

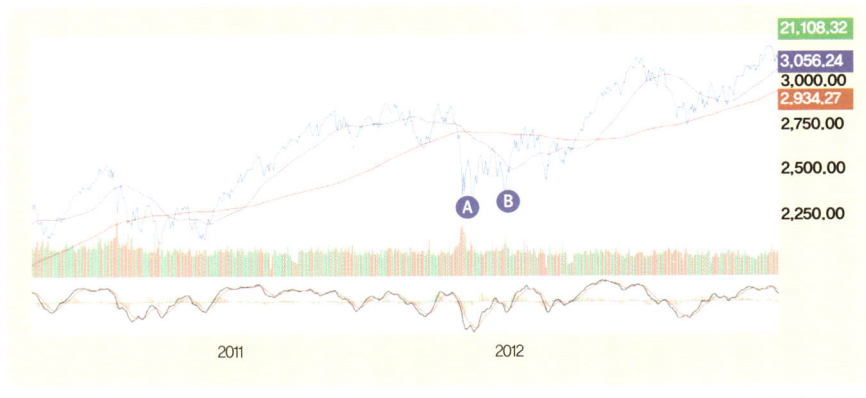

출처: 야후 파이낸스

그러나 18.7% 주가가 하락한 중형급 키친 하락이었다. 선행 지수 절대치가 작아서 하락폭 판정에 어려움이 있었다. 진바닥(A)에서는 매수를 놓쳤지만 쌍바닥(B)인 11월 25일에 매수하면 된다. 사실 필자는 대형급 주글라 사이클 하락 시에만 본 선행 지수 바닥 잡기를 적용했었다. 2011년 같은 중형급 키친 하락에서는 적용하지 않았다.

  그러나 2022년에는 확대 적용했다. 2022년 키친 하락이 기준 금리 인상 정책과 겹쳐서 30% 이상 주가 하락을 불렀다. 준대형급 하락으로 간주하여 선행 지수 바닥 잡기를 적용하기로 결정했다.

  결국 주가가 대폭 하락할 때 중립 금리에 도달하여 기준 금리 인상을 중단했을 경우는 CLI 연속 하락폭 시그널이 없더라도 주식 매수에 들어가는 것이 안전하다. 우리는 MMT 이후 경기 사이클보다 통화정책에 좌우되는 시대에 살고 있기 때문이다.

  주가가 대폭 하락할 때 CLI 값 하락폭이 두 달 연속으로 감소한다면 4개월 안에 주가가 하락했을 때 계단식 하락법 3단계 시기가 오면 주식을 풀매수한다. 그 후 기본 다음 키친 사이클 정상까지 주식을 매도하지 않고 장기 투자하면 된다. 그러나 그 전후 상황에 따라서 1번 정도 추가로 주가가 일시 폭등할 때 중타 계단식 상승법으로 일부를 매도하고, 다시 주가가 하락하는 시기에 계단식 하락법으로 매수를 진행해도 된다.

CLI 데이터 처리 과정

  OECD 선행 지수의 데이터 처리법은 CF 필터를 사용한다.

📊 **데이터 처리 방식 비교**

주가 폭락 시기	장점	단점
BK 필터	최신 데이터가 추가되면 기존 데이터가 변경 안 됨.	최신 트렌드가 계산 못 함.
CF 필터	최신 트렌드 계산 가능함.	최신 데이터가 추가되면 기존 데이터도 변경됨.

데이터 업데이트는 CLI에서 자연스러운 현상이다. 순환 패턴을 분리하기 위해 구성 요소 계열은 여러 필터(계절 조정, 이상값 감지, 추세 제거, 평활화, 정규화)를 통과해야 한다. 이러한 모든 필터는 전체 시계열에서 작동하고 개정된 CLI를 생성한다. 가장 큰 수정을 일으키는 필터는 추세 제거 및 평활화 필터다.

또한 집계 프로세스 중에 구성 요소 가용성의 60% 임계값이 적용된다. 이는 주어진 기간 동안 구성 요소 시리즈의 60% 이상에 대한 데이터를 해당 기간에 사용할 수 있는 경우 CLI가 이미 계산되었다는 것을 의미한다. 구성 요소 가용성은 첫 번째 릴리스 이후에 향상될 수 있다. 따라서 특히 최신 부분 데이터에서 가용성의 이러한 변화는 수정을 야기할 것이다. CLI는 매월 계산되므로 한 달에 한 번 수정될 수 있다.

CLI가 얼마만큼 자주 수정되는지 알아보려면 'OECD 종합 선행 지표의 현재 기간 성과', 2007년 문서를 참조할 수 있다. 연구 결과에 따르면 CLI의 첫 번째 릴리스는 자주 수정된다. '주기 추출: 위상 평균 추세 방법의 비교', 'Hodrick-Prescott(HP) 및 Christiano-Fitzgerald(CF) 필터' 등 다양한 추세 제거 및 평활화 방법(주기 추정 방법)의 수정 속성이 있다. MCD 스무딩이 있는 PAT, 이 중 HP 필터 및 CF 필터를 포함한다. 이 연구는 크기, 편향 및 전환점 신호 안정성 측면에서 디트렌딩으로 인한 수정 패턴을 보여준다. 즉 데이터를 매달 확인해야 한다. 단 이전 백테스트 결과 트렌드는 동일하다고 본다.

CLI 선행 지수 활용 정리

OECD G20 CLI 값이 두 번 연속 하락폭을 줄이면 4개월 이내에 주식을 매수한다. 매수 방법은 계단식 계산법을 따른다. 상황에 따라서 이후 주가가 폭등할 시 계단식 상승법으로 부분 매도하고 다시 주가가 하락했을 때 계단식 하락법으로 재매수한다. 이후 키친 사이클 천장까지 장기 보유한다.

특히 OECD CLI가 연속 상승하고 있을 때는 반드시 주식을 보유하고 있는다. 이때는 장기 상승기이기 때문이다. 매달 확인이 필요하다. 단 연준에서 기준 금리 인상 중단을 암시하면 OECD CLI에 관계없이 주식을 풀매수한다.

[Key Point]
2022년 S&P500 진바닥 잡기 노하우

지금부터 서술할 내용은 2022년 9월 11일부터 실제로 2022년 S&P500 진바닥을 잡았던 경험을 최대한 자세히 기록한 내용이다. 누구나 바닥 잡기에 들어가면 많은 갈등을 겪게 된다. 다음번 바닥 잡기를 시도할 때 여러분도 다음과 같은 갈등을 겪게 될 것이다. 바닥이 이미 온 것은 아닌지, 무엇도 확신할 수 없는 상황에 놓이게 된다. 미래는 모르기 때문이다. 2022년 9월 11일에는 정말 여러 가지 고민이 있었다.

📊 **2022 OECD G20 CLI 값 추이**

날짜	OECD G20 CLI 값	전월비 하락률
2022–01	100.5814	−0.19%
2022–02	100.3476	−0.23%
2022–03	100.0821	−0.26%
2022–04	99.8064	−0.28%
2022–05	99.5308	−0.28%
2022–06	99.27617	−0.26%
2022–07	99.06548	−0.21%
2022–08	98.89949	−0.17%

■ 전월비 하락률 축소된 시점

    OECD G20 CLI의 하락폭이 2번 이상 줄었으므로 룰에 따라 몇 달 안에 바닥이 된다. 그러나 역시 고민하게 된다. 2015년 키친의 경우와 같다면 문제가 없다. 2011년 키친의 경우가 문제였다. 이 경우라면 2022년 8월 전 이 바닥이라는 말이 된다. 30% 이상 주가 하락은 예외라 했지만 '실전에서도 정말 그럴까?'라고 갈등하게 됐다.

    결과만 보면 2022년 주가 바닥은 역시 2015년의 경우가 아니었다. 주가가 재차 바닥을 찍은 2022년 10월 13일경 바닥을 선언했다. 해피한 결과였다. 그사이 겪은 갈등과 실제 검토 내용들을 함께 읽어 보자.

쌍바닥 시 계단식 하락법을 기억하자

선행 지수로 바닥 잡기에 집중하느라 예전에 정리했던 쌍바닥 시 계단식 하락법을 제대로 적용하지 않았다는 것을 깨달았다. 2022년 9월 24일, 실제로 이런 갈등을 하게 된다. 쌍바닥이 올지, 안 올지 미래는 아직 몰랐다. 만약 쌍바닥이 안 오면 전 중간 천장이었던 2022년 8월 15일을 기준으로 계단식 하락법을 카운트할 작전을 세웠다. 결국, 쌍바닥이 왔다. 역시 예외가 없었다. 그때 한 가지 힌트는 코스피가 먼저 쌍바닥이 왔다는 것이었다.

2022 코스피 일봉 차트 - 쌍바닥

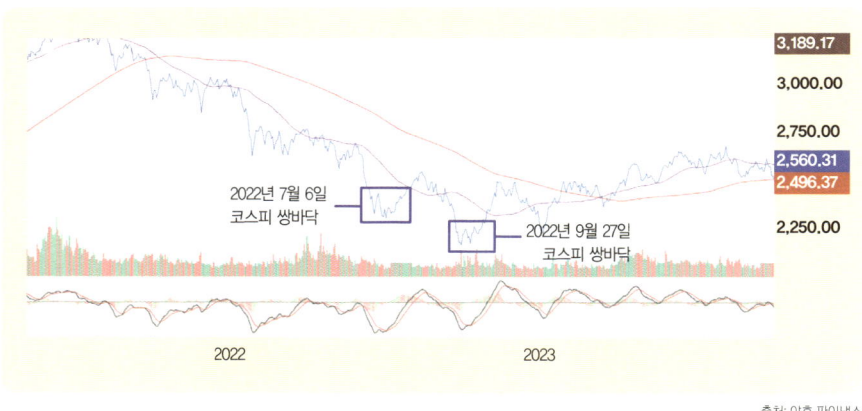

출처: 야후 파이낸스

코스피가 2021년 7월에 반년 먼저 주가 하락을 시작했으므로 진바닥도 2022년 9월 말로 먼저 온 것이었다.

미국 인덱스도 결국 이후에 쌍바닥이 왔다. 즉 먼저 온 코스피 쌍바닥이 미국 주가 바닥의 힌트가 될 수 있다.

2022년 9월 27일 S&P500 일봉 차트 – 쌍바닥

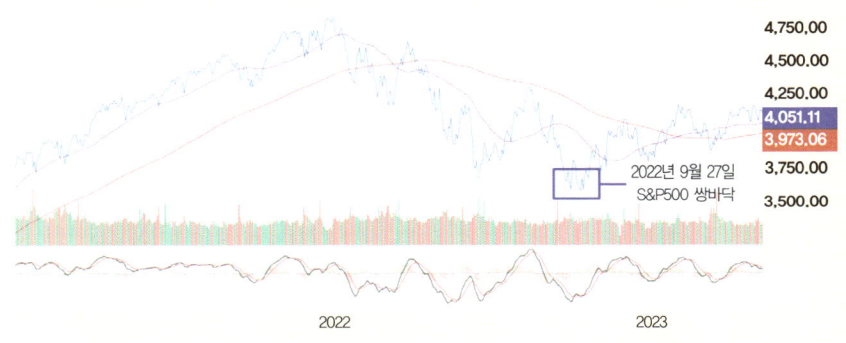

출처: 야후 파이낸스

드디어 2022년 9월 27일 S&P500이 쌍바닥에 진입했다. 하락폭이 30%를 넘었으니 올 수밖에 없었던 것이다. 인간의 심리다. 바닥을 재차 확인하고 상승을 시작한다.

다우존스가 더 심하게 쌍바닥을 형성했다. 아마 조금 먼저 쌍바닥이 왔을지도 모른다.

2022 다우존스 일봉 차트 – 쌍바닥

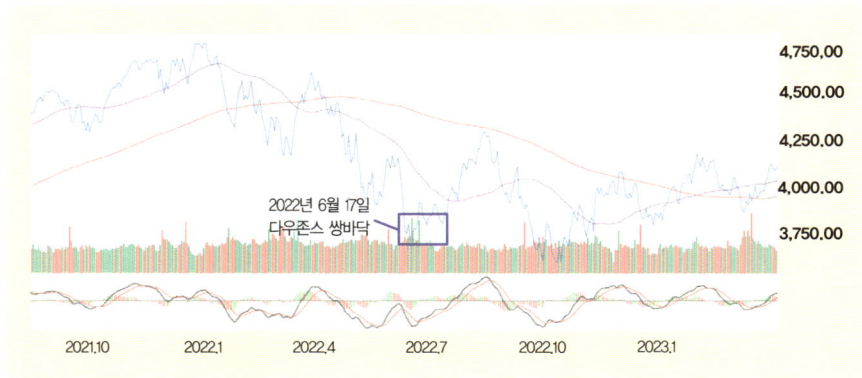

출처: 야후 파이낸스

계단식 하락법으로 2주 안에 매수

이 단계에 오면 쌍바닥 후 며칠 만에 진바닥이 왔나 과거 사례를 검토하게 된다. 대충 진바닥 시기를 알고 싶기 때문이다. 그때가 2022년 9월 29일이었다.

리먼 쇼크 때는 첫 번째 쌍바닥보다 두 번째 쌍바닥의 인덱스가 더 낮아지고 나서부터 14일 만에 진바닥이 왔었다. 이를 적용하면 정확히 2022년 10월 13일이 진바닥이 된다. 결론적으로 놀라운 정확도였다. S&P500 히스토리를 다시 보면 주가 저점은 2022년 10월 13일 3491.58이었다. 진바닥이었던 것이다. 10월 13일에 매수했으면 완벽하게 바닥을 잡은 것이 되었다.

놀라운 것은 닷컴 버블 때도 14일 만에 저점을 정확히 맞힐 수 있다. 그러니 이 방법도 아주 유용하다고 볼 수 있다. 하루도 안 틀리고 진바닥을 예측했으니 놀라울 뿐이다.

2차 오일 쇼크는 첫 번째 쌍바닥보다 두 번째 쌍바닥의 주가가 더 낮아지고 나서 13일 만에 진바닥이 와서 별 차이가 없었다. 이 방법도 놀라운 예측법이라 할 수 있다. 그래서 1주~2주쯤 매수하자는 정확한 진바닥 추측을 할 수 있었다. 물론 과거의 데이터는 경향을 참조하고 절대치까지 참조하는 것은 무리가 있다. 대개 똑같이 반복되지 않기 때문이다.

2022년 10월 1일, 이것으로는 불안하여 역시 계단식 하락법을 카운트했다. 결론은 2022년 10월 주가 하락폭으로 봤을 때 리먼이나 닷컴급이 아니고 1차 오일 쇼크급이라는 결론을 내리게 됐다. 1차 오일 쇼크라면 2번째 쌍바닥이 1번째 쌍바닥보다 낮은 지점부터 카운트했을 때 계단식 하락법 4번째에서 매수하는 것이 정확했으므로 이번에도 4번째에서 매수하자는 결론을 내리게 됐다.

📊 1차 오일 쇼크 당시 OECD G20 CLI 값 추이

날짜	OECD G20 CLI 값	전월비 하락률
1982-07-19	110.73	-0.3%
1982-07-20	111.54	0.7%
1982-07-21	111.42	-0.1%
1982-07-22	111.48	0.1%
1982-07-23	111.17	-0.3%
1982-07-26	110.36	-0.7%
1982-07-27	109.43	-0.8%
1982-07-28	107.74	-1.5%
1982-07-29	107.72	0.0%
1982-07-30	107.09	-0.6%
1982-08-02	108.98	1.7%
1982-08-03	107.83	-1.1%
1982-08-04	106.14	-1.6%
1982-08-05	105.16	-0.9%
1982-08-06	103.71	-1.4%
1982-08-09	103.08	-0.6%
1982-08-10	102.84	-0.2%
1982-08-11	102.6	-0.2%
1982-08-12	102.42	-0.2%
1982-08-13	103.85	1.4%

■ 계단식 하락 1단계   ■ 계단식 하락 2단계   ■ 계단식 하락 3단계

📊 **2022년 9월~10월 나스닥 추이 – 계단식 하락 1단계로 복귀**

날짜	나스닥 지수	전일비 하락률
2022-09-19	11535.02	0.76%
2022-09-20	11425.05	-0.20%
2022-09-21	11220.19	-1.79%
2022-09-22	11066.81	-1.37%
2022-09-23	10867.93	-1.80%
2022-09-26	10802.92	-0.60%
2022-09-27	10829.5	0.25%
2022-09-28	11051.64	2.05%
2022-09-29	10737.51	-2.84%
2022-09-30	10575.62	-1.51%
2022-10-03	10815.43	2.27%
2022-10-04	11176.41	3.34%
2022-10-05	11148.64	-0.25%
2022-10-06	11073.31	-0.68%
2022-10-07	10652.40	-3.80%

■ 10월 7일 계단식 하락법 1단계로 복귀

2022년 10월 8일, 나스닥이 계단식 하락법 3단계에 왔다가 다시 2단계로 복귀했다. 초조한 시점이었다. 4단계가 과연 올지 어떨지 미래를 몰랐기 때문이다.

📊 2022년 9월~10월 S&P500 추이 – 계단식 하락 1단계로 복귀

날짜	S&P500 지수	전월비 하락률
2022-09-19	3899.89	0.69%
2022-09-20	3855.93	-1.13%
2022-09-21	3789.93	-1.71%
2022-09-22	3757.99	-0.84%
2022-09-23	3693.23	-1.72%
2022-09-26	3655.04	-1.03%
2022-09-27	3647.29	-0.21%
2022-09-28	3719.04	1.97%
2022-09-29	3640.47	-2.11%
2022-09-30	3585.62	-1.51%
2022-10-03	3678.43	2.59%
2022-10-04	3790.93	3.06%
2022-10-05	3783.28	-0.20%
2022-10-06	3744.52	-1.02%
2022-10-07	3640.90	-2.77%

■ 10월 7일 계단식 하락법 1단계로 복귀

S&P500도 계단식 하락법 3단계 이후 1단계로 다시 복귀했다.

📊 2022년 10월 12일 나스닥 – 계단식 하락 3단계 진입

날짜	나스닥 지수	전월비 하락률
2022-10-03	10815.43	2.27%
2022-10-04	11176.41	3.34%
2022-10-05	11148.64	-0.25%
2022-10-06	11073.31	-0.68%
2022-10-07	10652.40	-3.80%
2022-10-10	10542.10	-1.04%
2022-10-11	10426.19	-1.10%
2022-10-12	10417.10	-0.09%

■ 계단식 하락 1단계　■ 계단식 하락 2단계　■ 계단식 하락 3단계

📊 2022년 10월 12일 S&P500 – 계단식 하락 4단계 진입

날짜	S&P500 지수	전월비 하락률
2022-10-03	3678.43	2.59%
2022-10-04	3790.93	3.06%
2022-10-05	3783.28	-0.20%
2022-10-06	3744.52	-1.02%
2022-10-07	3640.90	-2.77%
2022-10-10	3612.39	-0.75%
2022-10-11	3588.84	-0.65%
2022-10-12	3577.03	-0.33%

■ 계단식 하락 1단계　■ 계단식 하락 2단계　■ 계단식 하락 3단계　■ 계단식 하락 4단계

그리고 2022년 10월 11일 시점 나스닥이 계단식 하락법 3단계에 왔다. S&P500도 계단식 하락법 2단계에 진입했다. 2022년 10월 12일, 코스피는 선행 지수가 바닥을 가리키는 지수가 발표되어 진입을 추천했다. 미국 주식도 2022년 10월 13일부로 바닥을 선언했다. 이유는 나스닥은 계단식 하락법 3단계, S&P500은 계단식 하락법 4단계에 왔기 때문이었다. 그날 하루도 틀리지 않고 2022년 10월 13일 장

시작 때 미국 주가가 진바닥을 찍었다. 100% 정확한 바닥 잡기에 성공한 것이다.

2022년 10월 13일 S&P500 바닥 잡기 성공

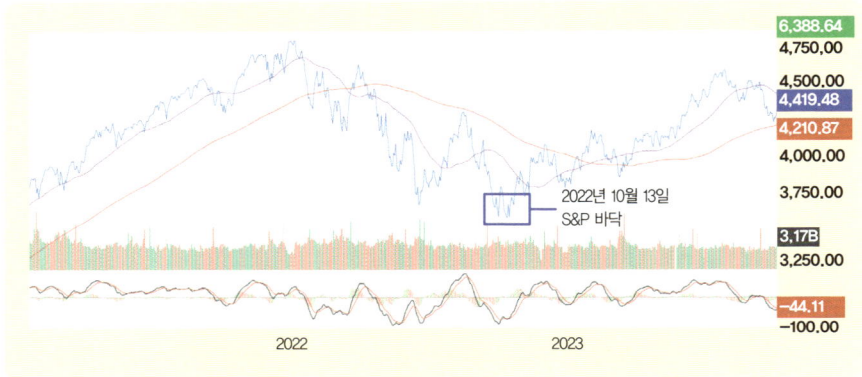

출처: 야후 파이낸스

필자 홀로 이 날짜에 바닥을 선언했다. 바닥 일자를 하루도 틀리지 않고 정확히 맞혔다. 다음 바닥 때도 이 글을 다시 보고 마음을 다스리고자 기록으로 남겼다. 리마인드하고 계속 써먹을 생각이다. 이 룰은 키친, 주글라 사이클 바닥이 올 때마다 평생 써먹는 매매법이다.

📊 주가 진바닥 잡기 요약

투자 분류	인덱스 ETF(나스닥, S&P500)
투자 시기	키친 사이클 고점 이전까지만 투자
매수, 매도 횟수	키친 사이클 내 1회가 기본이나 매년 1회씩 매수, 매도
매수점	1. OECD G20 CLI 선행 지수가 전월 대비 하락폭을 2개월 이상 축소한 이후 4개월 이내가 진바닥 예상 시기다. 몇 개월~반년의 중타 움직임 기준 전 저점보다 시세가 더 떨어지는 쌍바닥을 기다린다. 쌍바닥이 나오면 계단식 하락법 3, 4단계에서 매수한다. 리스크 회피로 만약 그 부근에서 쌍바닥이 안 나오면 이때쯤 흑색 MACD의 2번째 바닥이 1번째 바닥보다 높은 다이버전스에서 매수한다. 또한 MACD가 빨간색 시그널선보다 높아지는 정배열이 되거나 MACD가 높아지면 매수한다. 2. 키친과 주글라가 함께 하락하는 브론즈 사이클 이상의 주가 대폭락 시기와 이와 동등한 사이클에서만 적용한다. 3. 키친 사이클 단독 하락 때 주로 나타나는 주가 하락폭이 적고 하락 기간이 짧은 사이클에서는 본 비법을 적용하지 않고 중타로 매매한다.

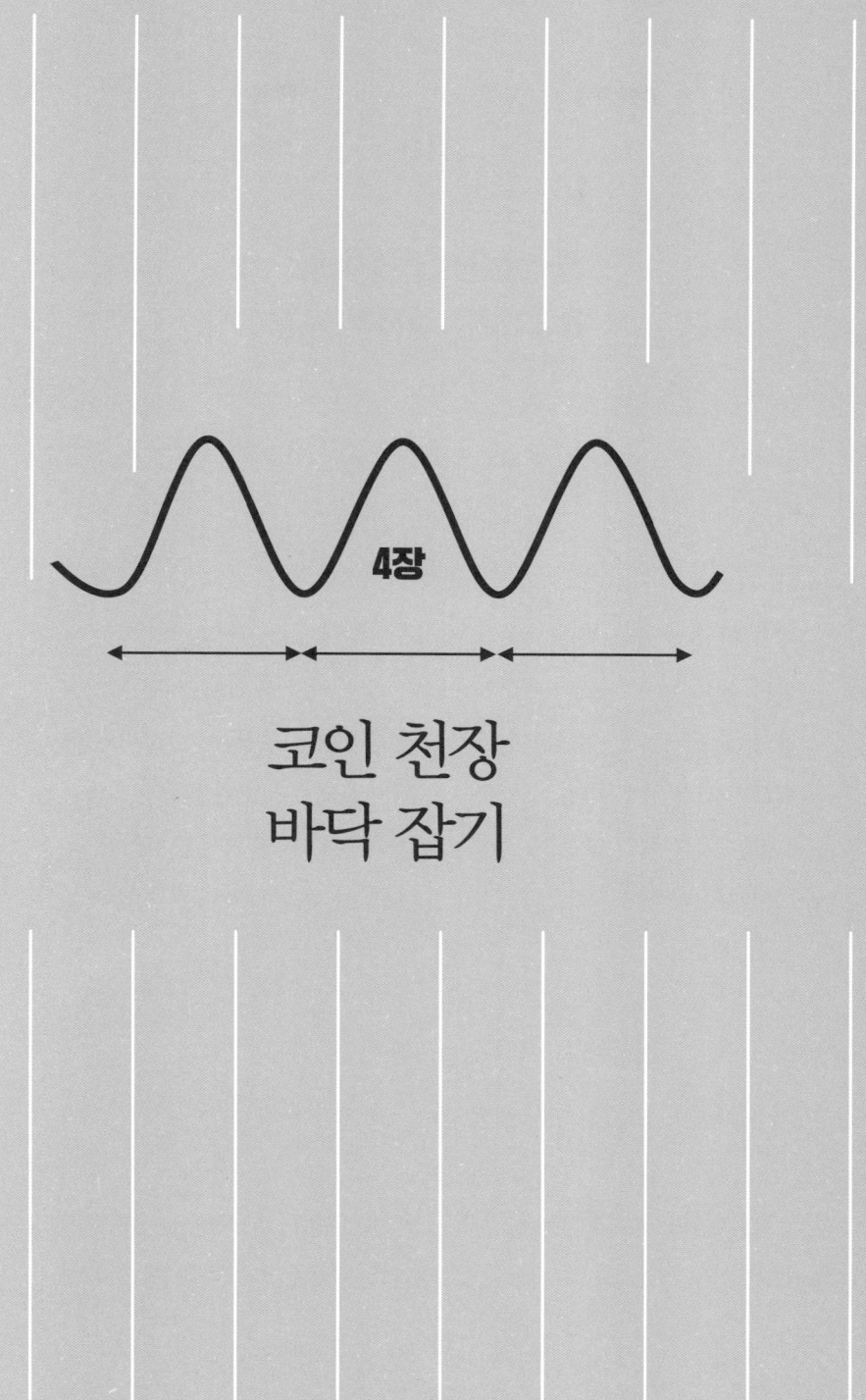

4장
코인 천장 바닥 잡기

낙폭 과다 종목에 투자하는 기본 원리

낙폭 과다 종목은 과다 낙폭을 해서 몇 배 더 오를 수 있는 종목을 말한다. 과다 낙폭을 하기 때문에 리스크 종목이라 욕심을 부리다 큰 손해를 볼 수 있다. 낙폭 과다 종목은 성장 개별주, 비트코인 그리고 레버리지 같은 종목이다. 이 종목들은 터닝 포인트에서 완만한 움직임을 보이는 기술 혁신 S커브나 키친 사이클과는 다른 움직임을 보인다. 즉 터닝 포인트에서 급등·급락을 보이는데 이 특성을 이용하면 수익을 볼 수 있다.

낙폭 과다 종목의 가격 흐름

낙폭 과다 종목은 중타든, 장타든 계단식 3, 4단계로 출렁거리며 상승, 하락한다. 그 후 재물이 될 개미를 모집한다. 비법은 계단식 계

낙폭 과다 종목의 가격 흐름

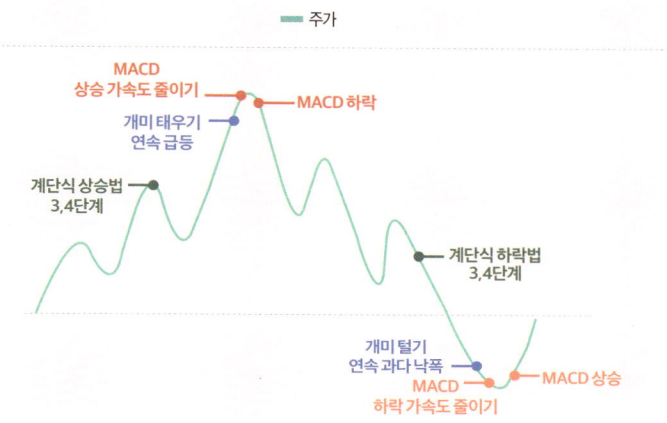

산법 3, 4단계에서 개미 털기가 나온 후와 MACD 급등, 급락에서 큰 가속도 변화가 나타날 때를 기다리는 것이다. 그리고 MACD 다이버전스의 3바닥이 나올 때 비로소 매수한다.

끝으로 가장 중요한 것은 매매점이 아닐 때 낙폭 과다 종목은 매매 목록에서 지우고 잊는 것이 필수다. 돈을 잃지 않고 손익비를 높이고 리스크를 줄이기 위해 1년에 1회만 매수해야 한다.

낙폭 과다 종목의 세 가지 투자 포인트

첫 번째는 매크로 경기 사이클상 주가가 장기 우상향하는 시기에만 투자해야 한다. 또한 그 종목이 경기 사이클상 우상향이 예상되는 종목이어야 한다. 평소에는 위험주 투자를 하지 않고 믿을 수 있는 안전 종목에 투자해야 한다.

두 번째는 이벤트 관점에서 악재, 호재 이벤트가 끝날 때만 매매한다. 평소에는 잊고 살다가 인간 시그널이 나올 때만 투자하면 성공할 수 있다. 큰 폭락이 나타나면 관심이 없어도 주위에서 난리가 나고 소식을 듣게 된다. 이 종목은 이제 끝이라는 분위기가 팽배하게 된다. 이럴 때만 용기를 가지고 손실 본 사람들을 도와준다는 사와카미 매수를 실천한다. 큰 급등 때도 마찬가지다. 사람들이 수익을 인증하고 매수를 서두르면 익절할 시기다. 또한 50일 이동평균선에서 주가가 평소보다 2배 이상 더 상승한 이격 발생 때가 익절 시기다.

세 번째는 낙폭 과다 종목의 특징이 바닥 때 큰 폭의 연속 폭락과 천장 때 큰 폭의 연속 급등이 일어난다는 점이다. 이것은 개미를 유인하기 위한 속임수다. 이 시그널이 나올 때까지 기다린다. 매도는 안전을 위하여 어깨쯤에서 분할 매도를 하자.

어느 정도 빈도와 시기로 투자하는가?

기본 1년에 1번 매수한다. 경기 상승 사이클에 몇 번 정도 매수 기회가 올 수 있다. 너무 자주 투자하면 낙폭이 클 수가 없어서 손익비가 줄고 리스크가 커진다. 다음과 같이 3년~4년 주기 미국 키친 사이클을 활용할 수도 있다.

📊 **낙폭 과다 종목에 미국 키친 사이클 활용하기**

천장	바닥	천장 - 천장 갭
2007.6	2005.9	–
2010.11	2009.3	3년 5개월
2014.7	2012.7	3년 8개월
2018.6	2016.8	3년 11개월
2022.1	2020.3	3년 7개월
2025.9(예측)	2023.1	3년 8개월(예측)

1. 키친 사이클 주가 진바닥에 매수(2022.10)
2. 키친 사이클 바닥 시기쯤 폭락기에 매수(2023.10)
3. 키친 사이클 바닥 약 1년 후쯤 폭락기에 매수(2024.10)
4. 키친 사이클 천장 이후 매매 금지

즉 키친 사이클 천장 이후부터는 보유하지 않는 것이 아주 중요하다. 매크로 경기 하락 때는 낙폭이 클 수 있다. 자산을 지키는 것이 가장 중요하다. 그러나 주식은 선행 지수이므로 키친 사이클 바닥보다 약 1년 선행하여 상승을 시작할 수 있다.

비트코인의 반감기와
키친 사이클

비트코인은 왜 반감기 전에 전고점을 돌파했을까?

📈 **비트코인의 반감기와 전고점**

반감기 시기	전고점 돌파 시기	차이
2024.4.20	2024.3.5	반감기 1개월 전에 전고점 돌파
2020.5.11	2020.12.2	반감기 6개월 후에 전고점 돌파
2016.7.9	2017.3.2	반감기 7개월 후에 전고점 돌파

반감기는 비트코인 채굴 난이도가 약 4년마다 2배 증가하는 시기를 말한다. 2024년에 처음으로 반감기 이전에 비트코인 시세가 전고점을 돌파하는 이변을 보였다. 전고점이 빨라지는 추세였다면 2022년은 반감기 6개월 후 전고점 돌파가 아니라 반감기 약 3개월 후 전고점 돌파가 맞았다. 어쩌면 2020년의 반감기 6개월 후 전고점 돌파는 코로나 사태 때문에 밀렸던 것일 수 있다. 다음은 반감기와 키친

사이클 천장을 나타낸 표다.

반감기와 키친 사이클 천장

반감기 시기	키친 사이클 천장	차이
2024.4.20	2025.9(예측)	반감기 후 1년 5개월(예측)
2020.5.11	2022.1	반감기 후 1년 8개월
2016.7.9	2018.6.	반감기 후 1년 11개월

사이클마다 키친 사이클 천장이 약 3개월씩 빨라지고 있다. 이는 반감기 주기가 약 3년 11개월 정도지만 키친 사이클 주기가 약 3년 7개월 정도로 짧기 때문에 점점 간격이 줄어들고 있는 것이다. 이것이 2024년에 반감기 전 전고점을 통과한 이유로 추정된다. 즉 비트코인은 반감기보다 경기 사이클에 더 큰 영향을 받고 있을 수 있다.

어쩌면 당연한 말이다. 흔히 비트코인 시세는 유동성과 비례한다고 하는데 유동성은 경기가 좋을 때 많아진다. 이때는 매크로 키친 사이클 상승기이기도 하다. 때문에 비트코인 시세가 반감기보다 매크로 경기에 더 큰 영향을 받는다고 추정할 수 있다. 단 이벤트성 호재가 추가되어 반감기 전에 비트코인이 반감기 호재를 선반영하여 상승하고 반감기 후에 시세 조정이 올 수 있다. 그래서 2024년은 반감기 전에 비트코인 시세가 전고점을 넘었다고 생각한다.

비트코인 개수는 총 2,100만 개이고 약 2,000만 개가 이미 채굴되었다. 2140년경에 전부 채굴될 예정이다. 중요한 것은 비트코인이 달러보다 인플레율이 약해서 더 디플레이션 자산이라는 점이다. 마치 금과 비슷하나 금과는 다르다. 금은 국경 통과에 제약이 있고 보관에 비용이 든다. 금은 도둑을 맞을 수 있으나 해킹을 당하지는 않는다.

　비트코인은 탈중앙화 세계 자산이기 때문에 국경 통과가 간단하고 비용도 적게 든다. 다만 영구 지속성에 대해서는 의문이 있다. 즉 비트코인 해킹에 대한 보안이 리스크인데 채굴 활동이 지속되면 문제가 없다. 비트코인은 작업 증명 방식으로 보안을 유지하기 때문이다.

　해킹은 거래 내역을 조작하는 것인데 이를 위해서는 비트코인 지분 51%를 확보해야 한다. 해킹을 위해 소모되는 작업 비용이 너무 커서 현실적으로 불가능하기 때문에 보안이 안전하다고 볼 수 있다. 반감기를 거듭하면서 해킹 난이도 역시 어려워지기 때문에 더 안전해지고 있다.

　다만 비트코인 채굴 회사 전체가 수지가 맞지 않아 채굴을 포기한다면 해킹 난이도가 하락하여 보안이 위험해질 수 있다. 예전부터 이 우려가 상존했으나 지금 나타난 결과는 반대다. 채굴 회사는 매년 증자로 문제없이 기업을 유지하고 있다. 이런 채굴 회사의 수익은 채굴 수익 외 거래수수료 수익, 비트코인 보유 수익 및 AI 데이터 센터 운영 수익 등으로 구성된다.

　양자컴퓨터도 리스크이긴 하나 비트코인 채굴과 같이 과제를 해결하는 연산 작업에는 약하고 단순 산술 계산에 강하므로 가까운 미래에 리스크로 작용하지는 않을 듯하다.

　정리하면 비트코인 시세는 반감기보다 키친 사이클에 더 영향을 받는다. 채굴 회사의 상황에 따라 미래에 해킹 리스크가 발생할 수도 있다. 그래서 반감기 후 약 반년간은 채굴 회사의 수지 악화로 여전히 악재 이벤트로 조심해야 할 시기다. 키친 사이클 천장 이후도 위험하다. 양자컴퓨터도 가까운 미래에 리스크로 작용하지는 않을 것으로 보인다. 또 다른 리스크는 혁신 사이클 천장 이후다. 비트코인도 AI 주식과 같이 혁신 사이클의 영향을 받을 수 있기 때문에 주의해야 한다.

비트코인 천장 잡기

비트코인의 천장 잡기를 정리하면 다음과 같다.

비트코인 천장 잡기 요약

투자 분류	위험주
투자 시기	비트코인 진바닥에서 키친 사이클 고점 사이에서만 투자
매수, 매도 횟수	기본 매년 1회만 매수, 매도 잃지 않는 투자법으로 손익비 최대 리스크 회피
천장 매도점	1. 키친 사이클 천장 7개월 전부터 카운트한다. 2. 계단식 상승법 3, 4단계를 기다린다. 3. 중타로 상승 초기와 상승 말기에 연일 큰 폭의 개미 유인 폭등이 나오는 경향이 있어 확인한다. 4. MACD와 RSI 쌍봉이 나오고 두 번째 봉의 높이가 낮아진 다이버전스가 나왔을 때 매도한다. 5. MACD와 시그널선이 역배열되거나 MACD가 하락을 시작하면 최후의 매도 시그널로 전부 매도한다.

충분한 이익을 얻으려면 계단식 3단계가 나올 때까지 기다려야 한다. 일단 계단식 3단계에서 절반 익절하는 게 더 좋을 수 있다. 4단계

에서 전부 익절한다. 개미 유인 수차례 폭등이 나온 후 피크를 치는 경향이 크므로 폭등하면 포모 매수가 아니라 반대로 익절해야 한다. 중타 상승률, 하락률은 이벤트 강도에 비례하는 특징이 있어 급등하면 더 오르고 급락하면 더 빠지기도 한다. 이 기법은 비트코인 중타 매도 기법으로도 활용할 수 있다.

비트코인 천장 잡기 적용

비트코인 천장 및 주가 (종가 기준)		키친 천장 7개월 전부터 MACD, RSI 쌍봉이 나오고 두 번째 하락 시작할 때 매도 (종가 기준)		비트코인 천장 대비 가격
2021.11.8	67527.9	2021.11.11	64806.7	-4%
2017.12.16	19345.5	2018.1.6	17172.3	-11.2%

비트코인 천장 대비 가격 -4%, -11.2%에서 익절할 수 있어서 훌륭한 천장 잡기가 되었다. 갈수록 정밀도도 올라갔다.

2021-2022 비트코인 일봉 차트 – 위험주 천장 잡기 적용

출처: 야후 파이낸스

2022년 1월(빨간색 수직선)이 키친 사이클 천장이고 그 7개월 전부터 카운트한다. 200일 이동평균선을 통과하지 못한 저항 구간은 계단식 카운트에서 제외한다. 계단식 상승법 3, 4단계를 기다린다. 계단식 간격은 상승 가속도를 고려해서 일정한 간격으로 센다.

비트코인은 중타로 상승 초기와 상승 말기에 연일 큰 폭의 개미 유인 폭등이 나오는 경향이 있어 이를 확인한다. MACD와 RSI 쌍봉이 나오고 두 번째 봉의 높이가 낮아져서 주가 상승 가속도를 떨어졌을 때 매도한다. MACD와 시그널선이 역배열되거나 MACD가 하락을 시작하면 최후의 매도 시그널로 전부 매도하고 시장을 떠나 있는다.

2017-2018 비트코인 일봉 차트 – 비트코인 천장 잡기 적용

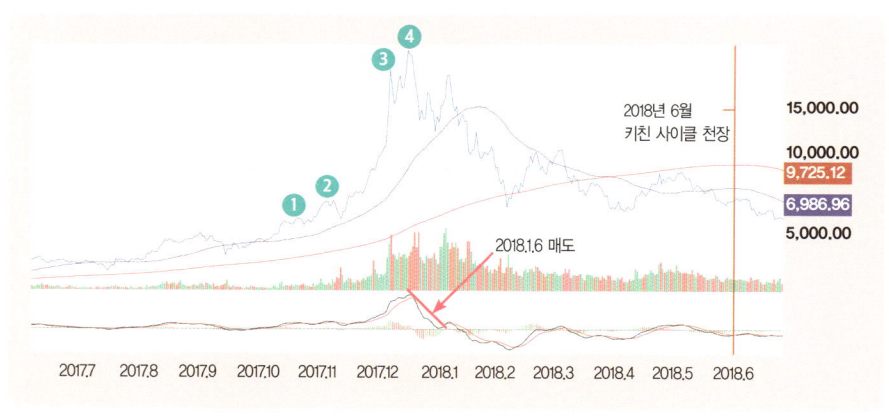

출처: 야후 파이낸스

2018년 6월(빨간색 수직선)이 키친 사이클 천장이고 그 7개월 전부터 카운트한다. 계단식 상승법 3, 4단계를 기다린다. 계단식 간격은 상승 가속도를 고려해서 일정한 간격으로 센다. 비트코인은 중타로 상승 초기와 상승 말기에 연일 큰 폭의 개미 유인 폭등이 나오는 경향이 있어 이를 확인한다. MACD와 RSI 쌍봉이 나오고 두 번째 봉의 높이가 낮아져서 주가 상승 가속도를 떨어졌을 때 매도한다. MACD와 빨간색 시그널선이 역배열되거나 MACD가 하락을 시작하면 최후의 매도 시그널로 전부 매도하고 시장을 떠나 있는다.

계단식 상승법과 개미 유인 폭등

기본은 계단식 3단계에서 절반, 4단계에서 절반씩 분할 익절하나 다음 표는 편의상 4단계 익절의 경우로 정리했다.

📊 **비트코인 계단식 상승법과 개미 유인 때 익절 적용**

비트코인 천장 및 주가 (종가 기준)		키친 천장 7개월 전부터 계단식 상승법 4단계와 개미 유인 때 익절 (종가 기준)		비트코인 천장 대비 가격
2021.11.8	67527.9	2021.10.15	61672.5	-8.7%
2017.12.16	19345.5	2017.12.15	17604.8	-9%

비트코인 천장 대비 가격 -8.7%, -9%에서 익절할 수 있어서 훌륭한 천장 잡기가 되었다. 갈수록 정밀도도 올라갔다.

📊 2021-2022 비트코인 일봉 차트 – 계단식 상승법 적용

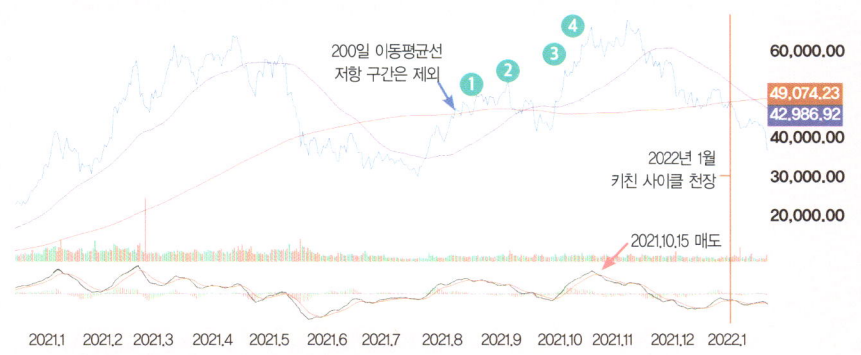

출처: 야후 파이낸스

    2022년 1월(빨간색 수직선)이 키친 사이클 천장이고 그 7개월 전부터 카운트한다. 200일 이동평균선을 통과하지 못한 저항 구간은 계단식 카운트에서 제외한다. 계단식 상승법 3단계에서 절반 익절하고 4단계에서 절반 익절한다. 계단식 간격은 상승 가속도를 고려해서 일정한 간격으로 센다. 계단식 4단계에서 주가가 폭등한 날 매도한다. MACD와 빨간색 시그널선이 역배열되거나 MACD가 하락을 시작하면 최후의 매도 시그널로 전부 매도하고 시장을 떠나 있는다.

📊 2017-2018 비트코인 일봉 차트 – 계단식 상승법 적용

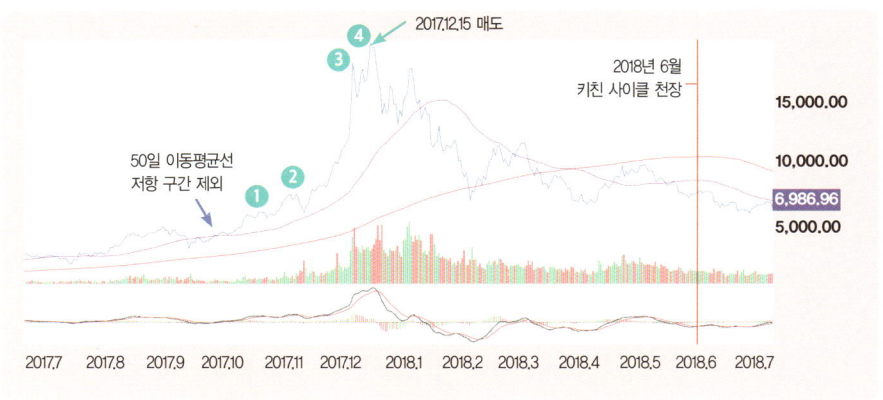

출처: 야후 파이낸스

    2018년 6월(빨간색 수직선)이 키친 사이클 천장이고 그 7개월 전부터 카운트한다. 50일 이동평균선을 통과하지 못한 저항 구간은 계단식 카운트에서 제외한다. 계단식 상승법 3단계에서 절반 익절하고 4단계에서 절반 익절한다. 계단식 간격은 상승 가속도를 고려해서 일정한 간격으로 센다. 계단식 4단계에서 주가가 폭등한 날 매도한다.

비트코인 바닥 잡기

비트코인 바닥 잡기를 정리하면 다음과 같다.

비트코인 바닥 잡기 요약

투자 분류	위험주
투자 시기	비트코인 진바닥 전후에서 키친 사이클 고점 사이에서만 투자
매수, 매도 횟수	기본 매년 1회만 매수, 매도 잃지 않는 투자법으로 손익비 최대 리스크 회피
바닥 매수점	1. OECD 선행 지수가 하락폭을 줄이고 나서 미국주식 인덱스 진바닥 전후 혹은 이와 상응하는 유동성 공급 등의 호재가 나온 후부터 투자한다. 비트코인 진바닥은 이벤트에 따라 키친 사이클 바닥 시기보다 따라 빠를 수도 느릴 수도 있다. 2. MACD 다이버전스 2번째 쌍바닥이 나온 후 매수한다. 3. 개미 털기로 수일 연속 폭락이 나올 수도 있으니 매수 시그널로 활용한다. 4. 키친 사이클 천장 이후는 투자하지 않는다.

충분히 내릴 때까지 매수하지 않는 것이 좋다. 비트코인 진바닥은 인간의 확인 심리로 중타(몇 개월에서 반년 간격)로 쌍바닥을 이루는 경우가 많다. 진바닥에서 잘 매수했다면 그냥 보유해도 괜찮으나 낙폭이

2024-2025 비트코인 일봉 차트 - 비트코인 바닥 잡기 적용

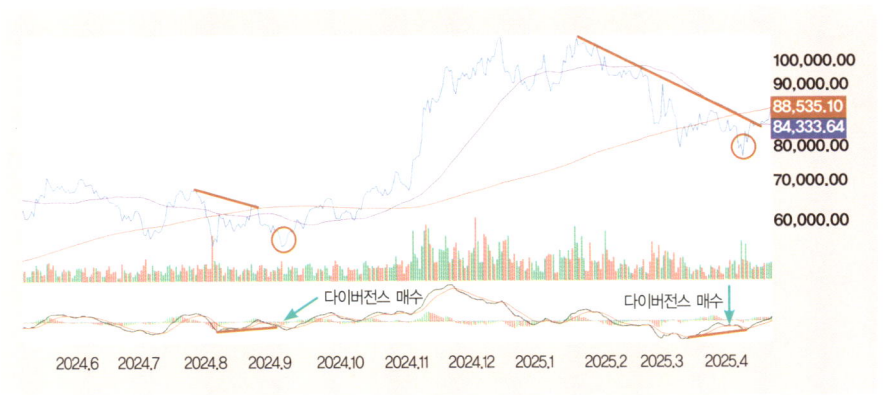

출처: 야후 파이낸스

큰 위험주이므로 리스크 관리 차원에서 중타로 몇 개월 이내에 익절하고 재차 쌍바닥을 기다리는 것이 좋을 수 있다.

2024년~2025년 비트코인의 매수점을 복기해보자. 매수는 녹색 화살표 지점에서 했어야 한다. 즉 MACD 다이버전스 2번째 쌍바닥이 나온 후 매수한다. 이때 개미 털기로 수일 연속 폭락이 나올 수도 있으니 이것을 매수 시그널로 활용한다. 경기 매크로 상승기에만 매수하고 1년에 1, 2회만 매수한다. 매수 횟수를 줄여야 큰 손익비를 가지고 리스크 회피를 할 수 있다. 키친 사이클 천장 이후에는 투자하지 않는다. 이후 OECD 선행 지수가 하락폭을 줄이고 미국 주식 인덱스 매수 시그널이 나오기 전후 혹은 이와 상응하는 유동성 공급 등의 호재가 나온 후부터 투자를 시작한다.

📊 2022-2023 비트코인 일봉 차트 – 비트코인 바닥 잡기 적용

출처: 야후 파이낸스

📊 2020-2021 비트코인 일봉 차트 – 비트코인 바닥 잡기 적용

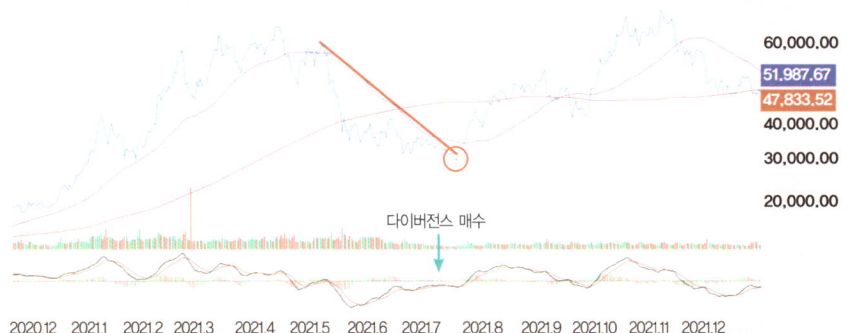

출처: 야후 파이낸스

📊 2018–2019 비트코인 일봉 차트 – 비트코인 바닥 잡기 적용

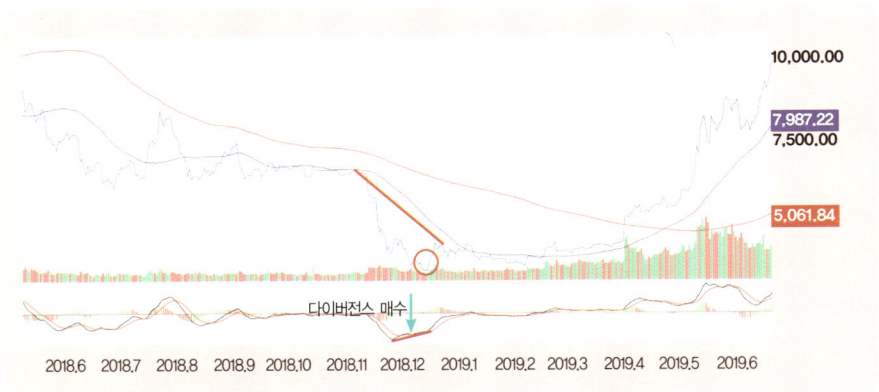

출처: 야후 파이낸스

비트코인 관련주 매매법

다음은 비트코인 관련주인 마이크로스트래티지 매매법이다.

📊 비트코인 관련주 매매법 요약

투자 분류	위험주
투자 시기	최대 비트코인 진바닥에서 비트코인 천장 사이에만 투자 키친 사이클 고점 전까지만 투자
매수, 매도 횟수	기본 매년 1회만 매수, 매도 잃지 않는 투자법으로 손익비 최대 리스크 회피
매수점	1. 주요 이동평균선 지지가 나왔을 때 매수한다. 2. MACD 3번째 쌍바닥이 나왔을 때 매수한다. 3. 개미 털기 시세 폭락이 나온 후 매수한다.
매도점	1. 주요 이동평균선 지지가 나왔을 때 매수한다. 2. MACD 3번째 쌍바닥이 나왔을 때 매수한다. 3. 개미 털기 시세 폭락이 나온 후 매수한다. 4. 개미를 유인하는 연일 폭등이 나온 후 매도한다. 5. 최후 매도 기회는 위 조건들을 충족한 후 MACD와 RSI가 하락을 시작할 때다. 이때 MACD와 시그널선 역배열이 발생하면 매도한다.

이 종목 매매법은 충분히 폭락했을 때만 매수하고 계단식 3단계 정도로 충분히 올랐을 때 매도하는 것이다. 빨리 매도하면 큰 수익을 낼 수 없다. 주의점은 과거에 스트래티지가 폭등했다고 또 폭등할 거라 기대하면 안 된다는 점이다. 이런 종류의 위험주는 대폭등하는 이유가 오직 대폭락했기 때문이다.

📊 2024-2025 마이크로스트래티지 일봉 차트 – 비트코인 관련주 매매법 적용

출처: 야후 파이낸스

📊 2023-2024 마이크로스트래티지 일봉 차트 – 비트코인 관련주 매매법 적용

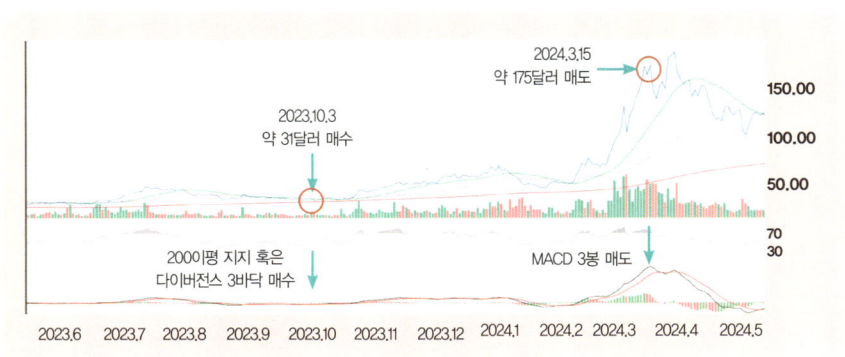

출처: 야후 파이낸스

📊 2021 마이크로스트래티지 일봉 차트 – 비트코인 관련주 매매법 적용

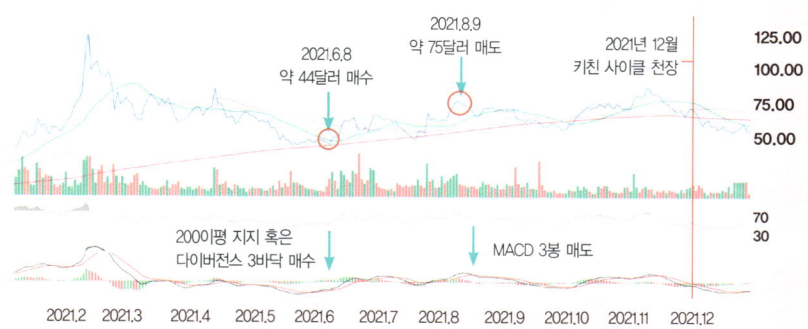

출처: 야후 파이낸스

📊 2020-2021 마이크로스트래티지 일봉 차트 – 비트코인 관련주 매매법 적용

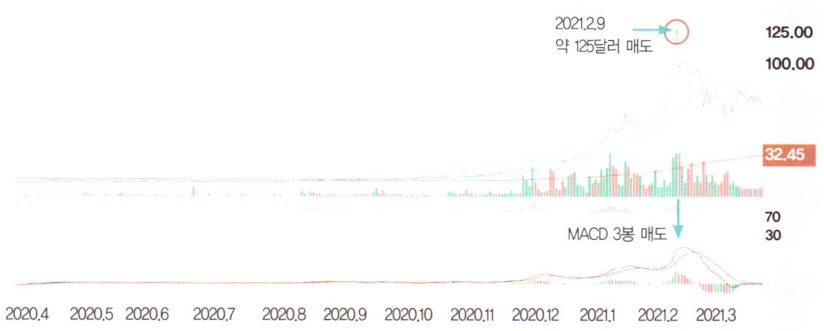

출처: 야후 파이낸스

4장 코인 천장 바닥 잡기

📊 2020 마이크로스트래티지 일봉 차트 – 비트코인 관련주 매매법 적용

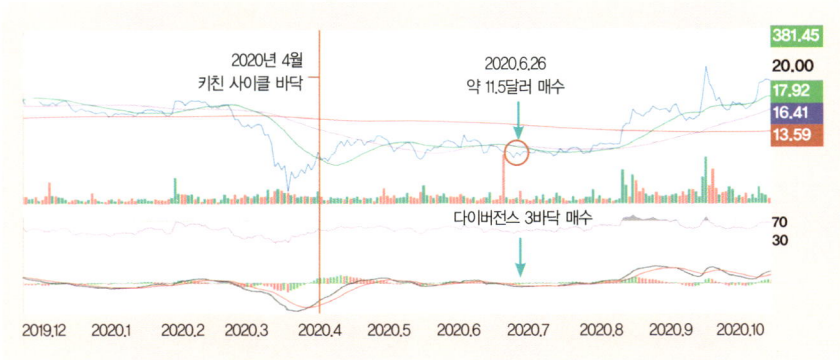

출처: 야후 파이낸스

폭등한 종목을 매수하고 실패하는 경우가 많은 것은 이 이유다. 대폭락하여 대부분 사람들이 이 종목은 희망이 없다고 말할 때가 매수할 유일한 때다. 즉 손익비가 충분한 타점에서 도와주러 매수한다는 마음으로 매수해야 성공할 수 있다. 평소에는 이런 종목은 완전히 잊는 것이 성공의 비결이다. 티커를 리스트에서 삭제하고 사람들의 원성을 사무칠 때 비로소 도와주러 간다.

비트코인 채굴 대장주 매매법

다음은 비트코인 채굴 대장주인 MARA 매매법이다.

📊 비트코인 채굴 대장주 매매법 요약

투자 분류	위험주
투자 시기	최대 비트코인 진바닥에서 비트코인 천장 사이에만 투자 키친 사이클 고점 전까지만 투자
매수, 매도 횟수	기본 매년 1회만 매수, 매도 잃지 않는 투자법, 손익비 최대 리스크 회피
매수점	1. 비트코인과 나스닥 진바닥 후 MACD 다이버전스, 쌍바닥, 증자 등 악재가 모두 나왔을 때 매수한다. 2. 키친 사이클 바닥 근처에서 MACD 다이버전스와 쌍바닥이 등장했을 때 매수한다. 3. 반감기 반년 후 MACD 다이버전스와 쌍바닥이 출현하면 매수한다.
매도점	1. RSI 70이상 쌍봉 출현 혹은 MACD 쌍봉이 나오면 매도한다(시세가 200일 이동평균선 아래의 쌍봉은 세지 않는다). 2. 계단식 상승법 3단계 이상이면 연일 폭등 시 분할 매도한다. 3. 이후 MACD와 시그널선 역배열 혹은 MACD 하락 시 전량 매도한다.

미국 제조업에 대해서는 사실 좋게 보지 않는다. 비트코인 채굴주도 제조업이다. 이런 종목은 오직 대폭락하여 손익비가 최고일 때만 매수해야 성공할 수 있다. 손익비가 최고인 시점은 1년에 한 번 정도만 기회가 온다. 평소에는 매매하지 않는 것이 비트코인 채굴주 투자의 성공 비결이다. 또한 충분히 기다리다 매도 시그널이 나오면 반드시 익절해야 한다. 계단식 3단계에서 절반 익절하고 3단계에서 전부 익절한다. 그쯤에서 MACD 역배열이 나오면 완전히 탈출한다.

📊 2024-2025 MARA 일봉 차트 – 비트코인 채굴 대장주 매매법 적용

출처: 야후 파이낸스

2023-2024 MARA 일봉 차트 – 비트코인 채굴 대장주 매매법 적용

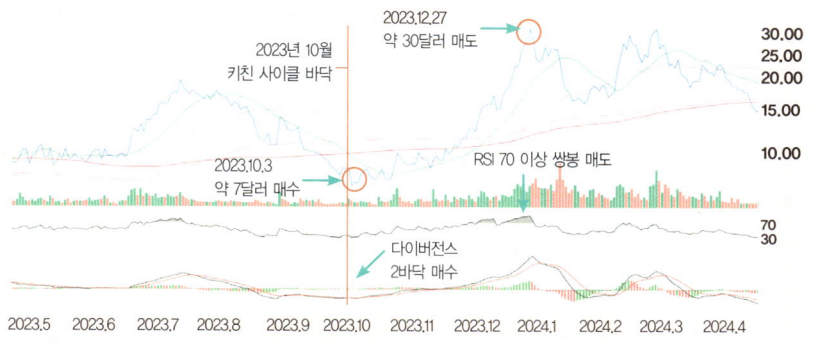

출처: 야후 파이낸스

2022-2023 MARA 일봉 차트 – 비트코인 채굴 대장주 매매법 적용

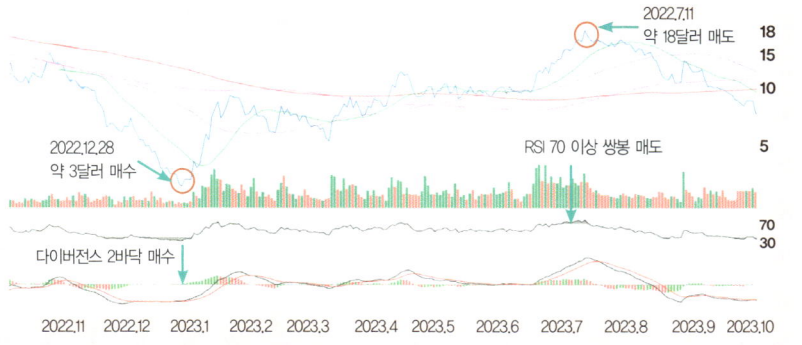

출처: 야후 파이낸스

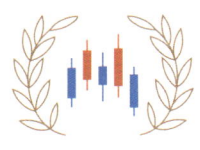

이더리움 매매법

이더리움은 알트코인이라 평소에 투자하지 않는 낙폭 과대 종목이다. 돈을 잃지 않고 손익비를 최대로 하여 리스크를 줄이기 위해 1년에 1회만 매수한다. 또 매크로 경기 우상향 때만 매수한다.

📊 2020-2025 이더리움 주봉 차트 - 200주 이동평균선 활용하기

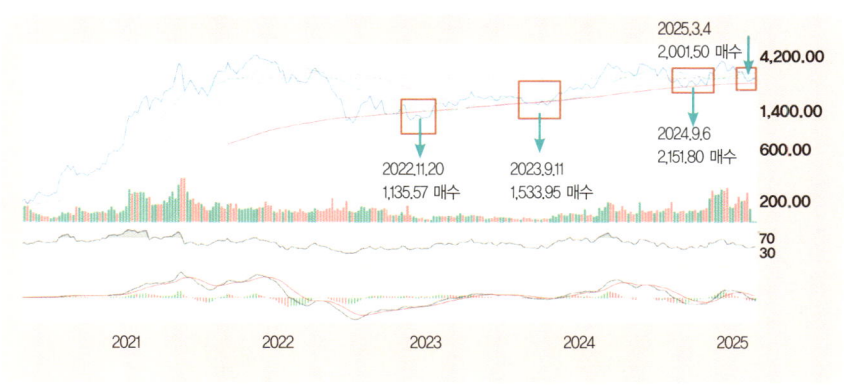

출처: 야후 파이낸스

200주 이동평균선(빨간색) 밑으로 주가가 떨어지면 매수한다. 200주 이동평균선을 이용하는 이유는 이것이 키친 사이클 주기와 근사하기 때문이다. 주가 진바닥은 키친 사이클 바닥에 선행한다. 이더리움은 낙폭 과대 종목으로 200주 이동평균선에 자주 올 수 있다.

📊 2023-2025 이더리움 주봉 차트 — 매수, 매도 타이밍

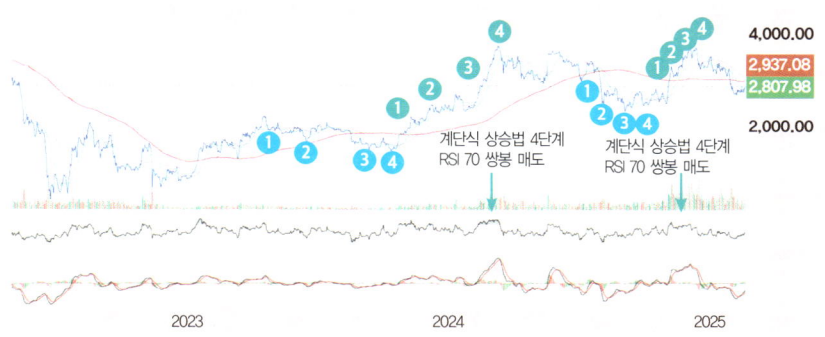

출처: 야후 파이낸스

익절은 각 바닥 후 5개월 이내에 주가가 급등하면 익절하고 싶을 때 분할로 매도한다. 매수할 때도 주가가 200주 이동평균선 아래로 내려와서 큰 폭으로 연속 폭락이 나온 이후에 매수한다. 일봉 기준으로 계단식 상승법 3, 4단계에서 분할 매도한다. MACD와 시그널선이 역배열되거나 MACD가 하락하면 최후의 매도 시그널로 전부 매도하고 시장을 떠난다.

반드시 그렇지는 않지만 저점 전에는 개미 털기 현상과 사람들의 아우성이 나올 수 있다. 이때 매수해야 성공할 수 있다. 폭락했을 때 매수해야 한다.

솔라나 매매법

솔라나, 리플 등 기타 알트코인은 투자법이 다르다.

📊 2020-2025 솔라나 주봉 차트 - 매수 타이밍

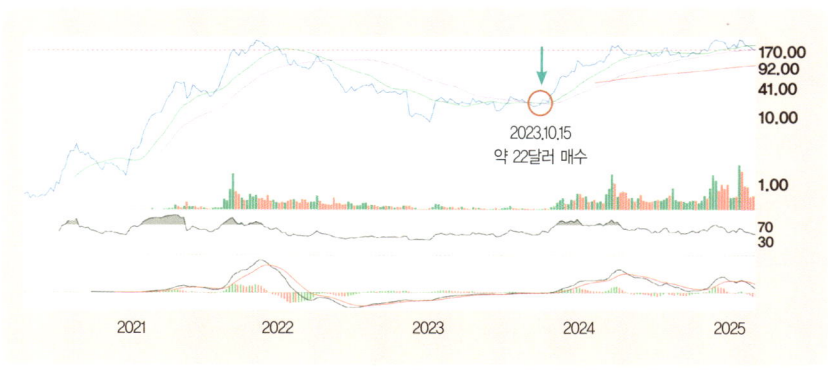

출처: 야후 파이낸스

　키친 사이클 바닥쯤에 가격이 200주 이동평균선 아래로 내려왔을 때 처음으로 투자를 시작한다. 예로 2023년 10월 키친 사이클 바닥

때 처음으로 매수한다. 바닥에서 분할 매수 후 약 5개월 이내에 분할 매도한다. 일봉 기준 계단식 상승법 3, 4단계에서 분할 매도한다.

2022-2025 솔라나 주봉 차트 – 계단식 상승법

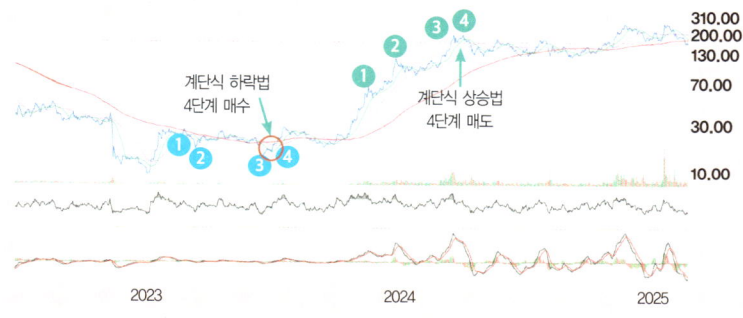

출처: 야후 파이낸스

MACD와 시그널선이 역배열되거나 MACD가 하락을 시작하면 최후의 매도 시그널로 전부 매도하고 시장을 떠난다.

[Key Point]
비트코인이 오르면 이더리움도 오를까?

투자할 때 서로 다른 종목의 추세가 서로 상관이 있는지 궁금할 때가 있다. 예를 들어 비트코인과 이더리움의 추세가 서로 상관이 있는지는 상관계수(Correlation Coefficient) 지표를 통해 알 수 있다.

1. 야후 파이낸스 차트를 연다.
2. Advanced Chart를 클릭한다.

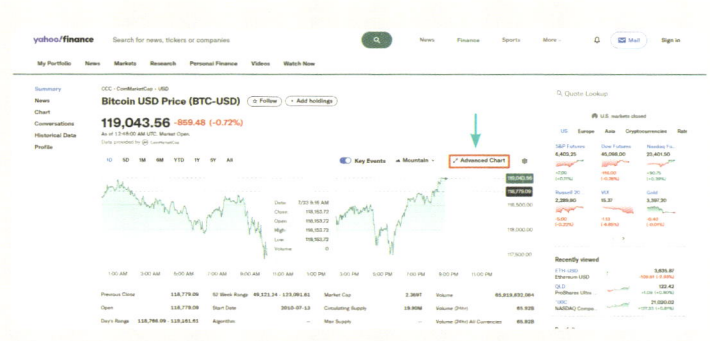

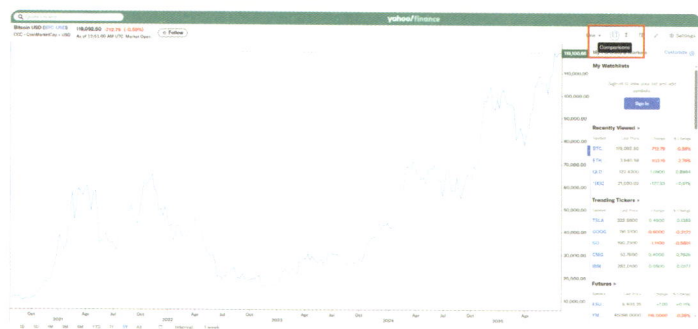

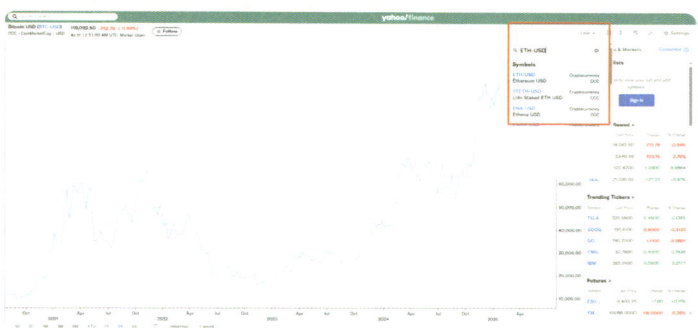

3. 차트 화면 오른쪽 위의 'Comparisons'에서 'ETH-USD'를 입력하고 클릭한다.

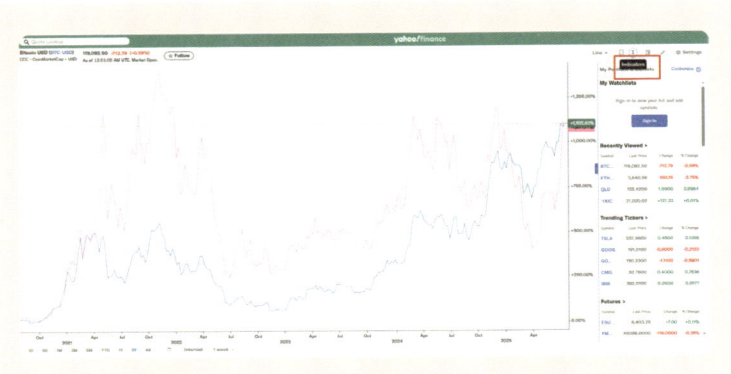

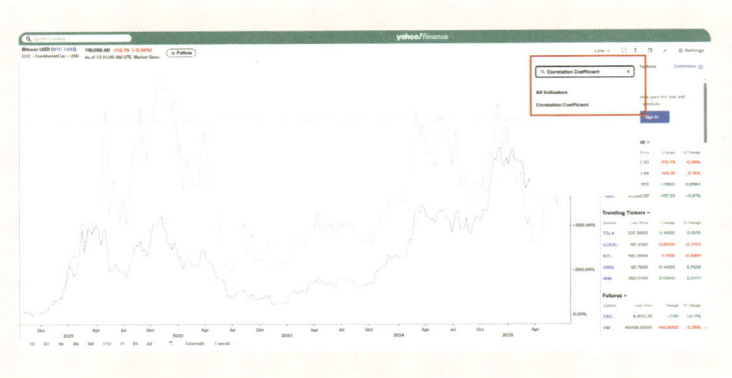

4. 차트 화면 오른쪽 위의 'Indicators'에서 'Correlation Coefficient'를 입력하고 클릭한다.

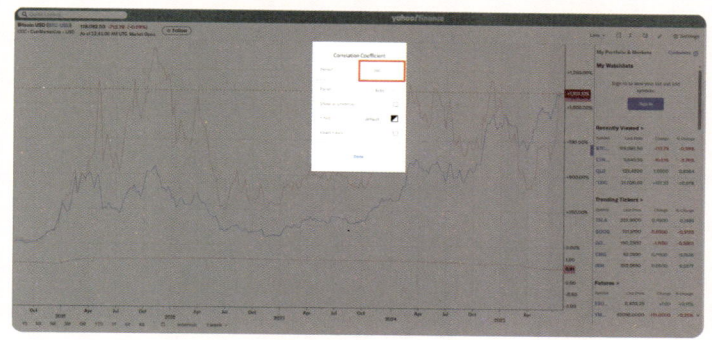

5. Period(구간)에 200을 입력한다(이는 약 1년에 해당한다).

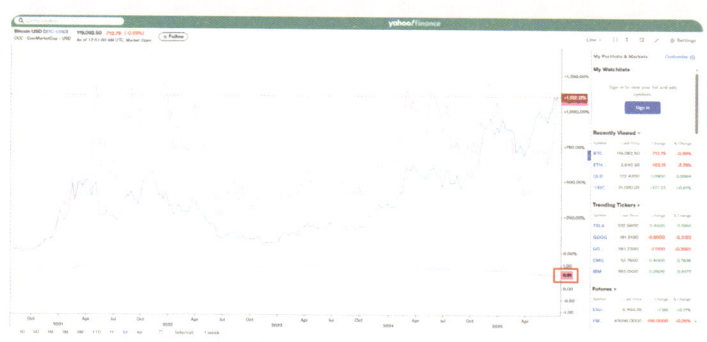

6. 원하는 시기로 이동하면 이 구간의 상관계수를 확인할 수 있다.

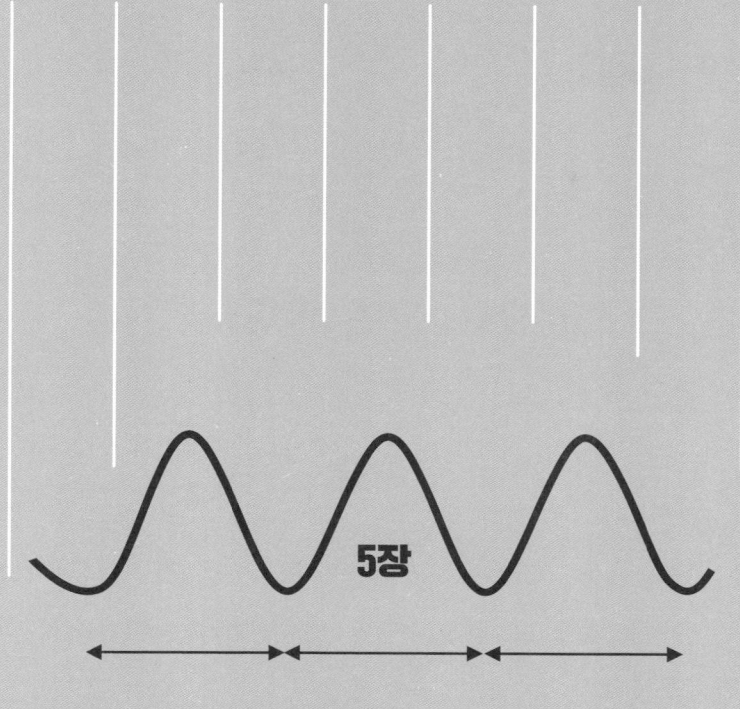

5장

개별주·위험주·레버리지 천장 바닥 잡기

엔비디아, 마이크로소프트 매매법

엔비디아, 마이크로소프트 같은 대형 성장주를 매매하는 방법을 요약하면 다음과 같다.

엔비디아, 마이크로소프트 매매법 요약

투자 분류	대형 성장주
투자 시기	나스닥 진바닥에서 키친 사이클 천장 사이에만 투자
매수, 매도 횟수	키친 사이클 상승 주기 내 매수 1회, 매도 1회
매수점	1. 나스닥 진바닥 매수점과 동일하다. 2. 기본 매수 원칙은 MACD 다이버전스 2번째 쌍바닥이 나왔을 때 매수한다.
매도점	1. 나스닥 진천장 매도점과 동일하다. 2. 기본 매도 원칙은 MACD 다이버전스 2번째 쌍봉이 나왔을 때 매도한다. 이후 MACD와 시그널선 역배열이 발생하고 MACD 하락 시 전량 매도한다.

엔비디아와 마이크로소프트 매매법은 미국의 우량 대형주로서 나스닥 인덱스 ETF 매매법과 동일하게 진행한다. 즉 장기 투자를 원칙

으로 한다. 그래서 3년~4년 주기의 키친 사이클 중에서 진바닥에서만 1번 매수하고 진천장에서만 1번 매도하는 것을 원칙으로 했다. 1년에 한 번 정도로 좀 더 자주 매매하고 싶다면 뒤에 후술할 TQQQ 매매법을 응용해서 적용한다.

  엔비디아가 중국에서 개발하지 못하는 최첨단 AI 반도체 종목이기 때문에 지금은 매매하지만 미래 최첨단 기술력의 메리트가 상실됐을 때는 매수하지 않는다. 이는 이런 특수 기술 보유의 경우를 제외하고는 미국 제조업에 투자하지 않는다는 방침 때문이다. 마이크로소프트 혹은 팔란티어 같은 첨단 기술 서비스 업종이 1인당 GDP가 높은 미국의 회사로서 걸맞고 지속해서 성공할 수 있다고 본다.

삼성전자 매매법

반도체 관련주이자 대형 성장주인 삼성전자의 매매법을 요약하면 다음과 같다.

📊 삼성전자 매매법 요약

투자 분류	대형 성장주
투자 시기	나스닥 진바닥에서 정통 반도체 사이클 천장 사이에만 투자
매수, 매도 횟수	반도체 사이클 내 매수 1회, 매도 1회
매수점	나스닥 진바닥에서 매수하면 된다.
매도점	1. 정통 반도체 사이클 천장에서 매도한다. 2. MACD와 시그널선 역배열 발생 시 전량 매도한다.

삼성전자의 주가 천장과 일치하는 정통 반도체 키친 사이클은 다음과 같다. 정통 반도체 키친 사이클 계산은 미국 반도체와 기타 전자제품 내구재 산업 생산량을 기준으로 했다.

📊 미국 반도체와 기타 전자제품 내구재 산업 생산량

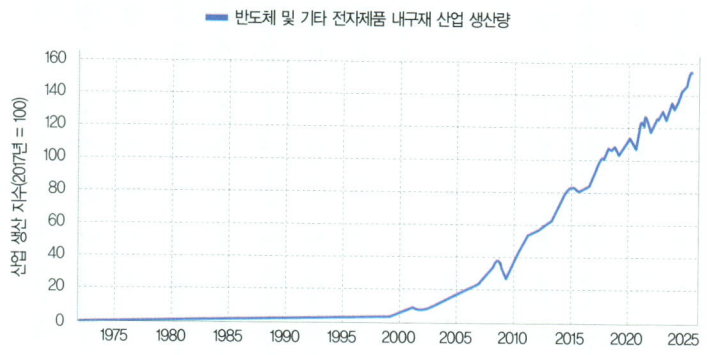

출처: FRED

📊 정통 반도체 키친 사이클

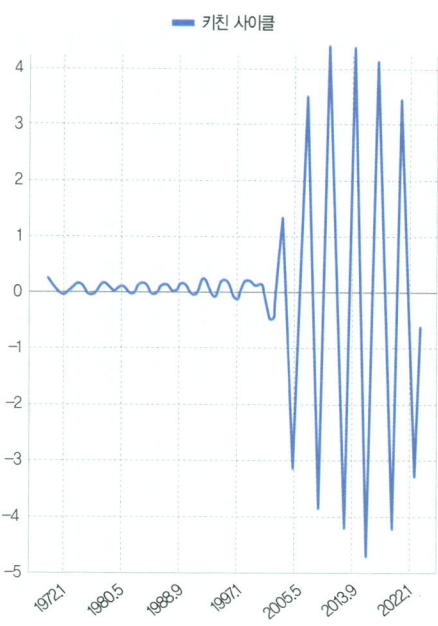

📊 **정통 반도체 키친 사이클과 삼성전자 천장 비교**

정통 반도체 사이클 천장	삼성전자 주가 천장	차이
2024.7	2024.7.9	일치
2021.3	2021.1.11	2개월 빠름
2017.11	2017.11.1	일치

정통 반도체 키친 사이클 천장과 삼성전자 주가 천장 시기가 일치하거나 2개월 먼저 천장을 찍었다. 이 정도 오차라면 정말 유용한 자료라고 할 수 있다.

삼성전자 역시 AI 관련 생산품에서 성공하지 못하면 매매 종목에서 제외한다. 예로 IBM과 인텔 그리고 애플을 들 수 있다. 과거에는 최고의 기술 기업이지만 첨단 기술 개발에서 도태되어 가고 있다. 신기술 개발에서 성공하지 못하면 시총이 정체되거나 후퇴할 수 있다.

양자컴퓨터 관련 주식 매매법

리게티 컴퓨팅(RGTI) 같은 양자컴퓨터 주식은 위험주로 분류한다. 양자컴퓨터 매매법을 요약하면 다음과 같다.

📊 양자컴퓨터 매매법 요약

투자 분류	위험주
투자 시기	키친 사이클 바닥에서 키친 사이클 천장 사이에만 투자
매수, 매도 횟수	기본 매년 1회만 매수, 매도 잃지 않는 투자법, 손익비 최대 리스크 회피
매수점	MACD 다이버전스 4번째 쌍바닥 출현 때 매수한다.
매도점	1. MACD 3번째 쌍봉 출현 때 매도한다. 2. MACD와 시그널선 역배열이 발생하거나 MACD가 하락하면 전량 매도한다.

적자 기업이기 때문에 충분히 오를 때까지 매매는 하지 않는 것이 좋다. 검토 결과 단기 매매 타점을 잡기엔 난이도가 높다.

📈 2024-2025 리게티 컴퓨팅 일봉 차트 – 양자컴퓨터 매매법 적용

📈 2024 리게티 컴퓨팅 일봉 차트 – 양자컴퓨터 매매법 적용

2023-2024 리게티 컴퓨팅 일봉 차트 - 양자컴퓨터 매매법 적용

출처: 야후 파이낸스

TQQQ 매매법

TQQQ는 나스닥 100 지수의 일일 수익률 3배를 추종하는 레버리지 ETF다. TQQQ 매매법을 요약하면 다음과 같다.

TQQQ 매매법 요약

투자 분류	위험주
투자 시기	나스닥 진바닥에서 키친 사이클 고점 전까지만 투자
매수, 매도 횟수	기본 매년 1회만 매수, 매도 잃지 않는 투자법 손익비 최대 리스크 회피
매수점	나스닥 바닥 매수점과 동일하다.
매도점	1. 키친 천장 약 반년 전 주가 폭락 지점부터 카운트한다. 2. 계단식 상승법 3단계에서 절반 익절, 계단식 상승법 4단계에서 전부 익절하거나 MACD가 하락하면 전부 익절한다. 3. RSI 70 이상 연봉 발생이 매도 시그널이다.

TQQQ는 10배씩 폭락하는 위험 종목이다. 키친 사이클이 하락하고 주가가 대폭락했을 때만 매수한다. 잘 매수했다면 계단식 3단계

2021-2022 TQQQ 일봉 차트 - TQQQ 매매법 적용

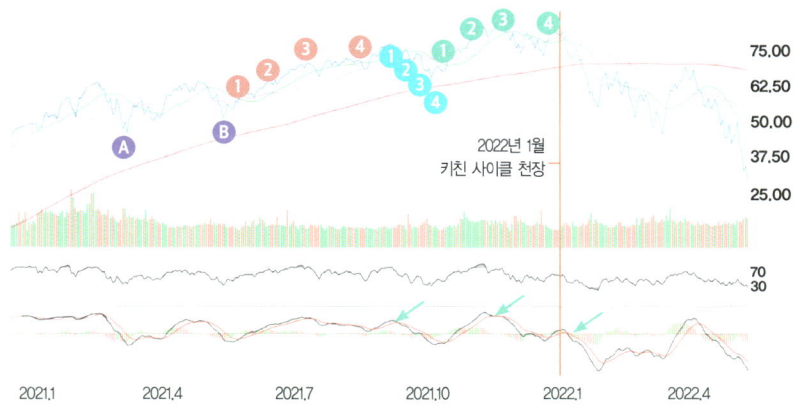

출처: 야후 파이낸스

등 매도 시그널이 나올 때까지 충분히 기다리는 것이 성공 비결이다. 충분히 이익을 취하지 못하는 것이 초보자들이 흔히 범하는 실수이기 때문이다. 키친 사이클 주기를 잘 활용하길 바란다.

불경기 때도 이 종목을 계속 매수하다가는 크게 투자 실패를 경험할 것이다. 사람들의 원성이 자자하고 충분히 대폭락했을 때만 도와주러 매매를 시작한다. 평소에는 티커를 리스트에서 삭제하고 레버리지 종목은 전부 잊는 것이 성공하는 투자의 비결이다.

2021년의 TQQQ 천장을 복기해보자. 분석은 2022년 1월(빨간색 수직선)인 키친 사이클 천장 시기부터 보면 된다. 키친 천장 약 반년 전 주가 폭락 지점부터 카운트한다(B 지점). 보통 A, B와 같은 쌍바닥이 나온 이후의 주가 흐름을 주목하면 된다. 계단식 계산법은 상승 가속도 세기를 보고 적절한 간격으로 센다. 이 상태로 2개월 이상 지켜본다.

그 후 계단식 상승법 3단계에서 절반 익절한다(빨간색 숫자 ③). 일봉 기준 50일 이동평균선에 걸친 작은 상승은 계단식 카운트에서 제외한다. 이후 계단식 상승법 4단계(빨간색 숫자 ④)에서 전부 익절하거나 4단계가 나올 때쯤 MACD가 하락하면 전부 익절한다(녹색 화살표 부분이 하락 시그널이다).

익절 후 아직 키친 천장이 아닌데 주가가 하락한다면 가속도를 보고 계단식 하락법 3단계에서 절반 매수한다.(파란색 숫자 ③). 계단식 하락법 4단계(파란색 숫자 ④) 혹은 MACD가 상승하면 전부 매수한다.

이후 1개월 이상 기다리면서 계단식 상승법 3단계(녹색 숫자 ③)에서 절반 익절한다. 계단식 상승법 4단계(녹색 숫자 ④) 혹은 MACD가 하락하면 전부 익절한다.

다시 한번 강조하지만 계단식 세는 법은 상승, 하락 가속도 세기를 고려하여 적절한 간격으로 센다. 익절 시기에는 RSI 70 전후로 상승하는 시그널이 나온다. 주가가 정배열이면 보통 50일 이동평균선에서 주가가 평소보다 2배 더 높은 이격이 발생할 때가 익절 적기다. 사람들이 포모로 매수하는 시기와 수익 인증을 하는 시기, 인간 시그널 도래기로 익절해야 할 타이밍이다. 욕심을 버리고 기계적 매매와 분할 매수, 매도를 한다.

이 법칙은 키친과 주글라가 함께 하락하는 브론즈 사이클 때와 혹은 이와 버금가는 큰 변동 시기에만 적용한다(예: 2022년 키친 단독 하락이나 기준 금리 인상 같은 대형 악재 이벤트가 겹쳤을 때). 키친 단독 하락 때와 평범한 악재 때는 중타 매매를 할 수 있다.

2018 TQQQ 일봉 차트 – TQQQ 매매법 적용

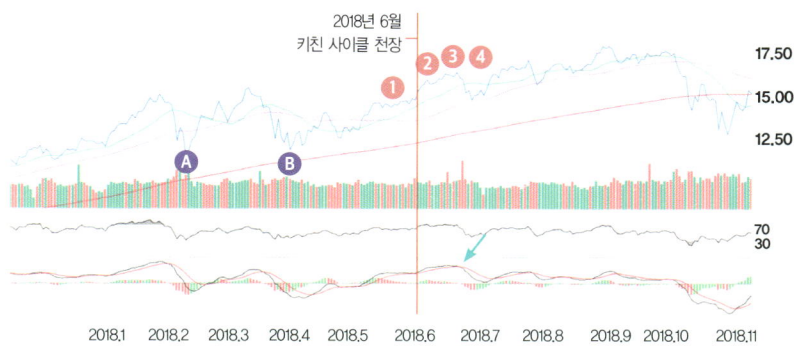

출처: 야후 파이낸스

2018년 6월(빨간색 수직선)인 키친 사이클 천장 시기부터 시작한다. 키친 사이클 천장 약 반년 전 주가 폭락 지점부터 카운트한다(B 지점). 보통 A, B와 같은 쌍바닥이 나온 이후의 주가 흐름을 보면 된다. 계단식 계산법은 상승 가속도 세기를 보고 적절한 간격으로 센다.

2개월 이상 기다리면서 계단식 상승법 3단계에서 절반 익절한다(빨간색 숫자 ③). 일봉 기준 50일 이동평균선에 걸친 작은 상승은 계단식 카운트에서 제외한다. 이후 계단식 상승법 4단계(빨간색 숫자 ④)에서 전부 익절하거나 MACD가 하락하면 전부 익절한다. 이처럼 TQQQ의 진바닥 잡기는 나스닥과 동일하다.

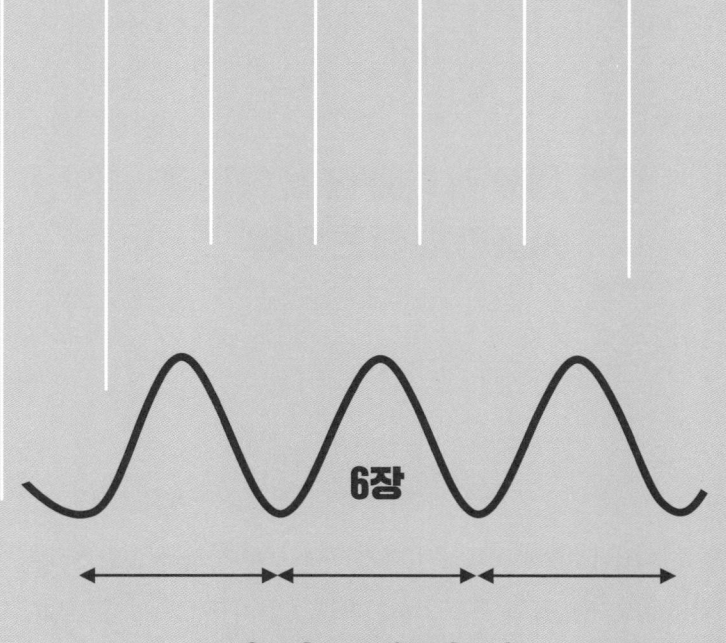

6장

버핏2배랩의 핵심 투자 노트

주가 천장 잡기에 샴의 법칙을 사용하지 않는 이유

미국 연준(Fed) 이코노미스트였던 클라우디아 샴 박사가 고안한 '샴의 법칙'은 미국 실업률의 최근 3개월 평균치가 지난 1년 최저치보다 0.5%p 이상 높으면 경기 침체에 접어든 것으로 판단하는 이론이다. 하지만 샴의 법칙 0.5%에 도달한 2024년 8월, 필자는 이 타이밍을 매수 시기라고 주장했고 실제로 맞았다. 그렇게 판단한 이유는 다음과 같다.

> 1. 샴의 법칙은 경기 후행 지표다.
> 2. 2024년 8월 샴의 법칙은 틀렸다.

다음 표는 뱅크오브아메리카(BofA)가 발표한 샴의 법칙이 0.5%를 넘은 시점과 경기 침체가 온 시기의 히스토리다.

샴의 법칙과 경기 침체 시점의 관계

샴의 법칙 0.5 초과	샴 수치	미국 실업률	침체 시작	샴의 법칙과의 갭
1953년 11월	0.63	3.50%	1953년 7월	4개월 전
1957년 10월	0.50	4.50%	1957년 8월	2개월 전
1959년 11월	0.60	5.80%	1960년 4월	5개월 이후
1970년 3월	0.77	4.40%	1969년 12월	3개월 전
1974년 7월	0.60	5.50%	1973년 11월	8개월 전
1980년 2월	0.53	6.30%	1980년 1월	1개월 전
1981년 11월	0.60	8.30%	1981년 7월	4개월 전
1990년 10월	0.53	5.90%	1990년 7월	3개월 전
2001년 6월	0.50	4.50%	2001년 3월	3개월 전
2008년 2월	0.53	4.90%	2007년 12월	2개월 전
2020년 4월	4.00	14.80%	2020년 2월	2개월 전
2024년 8월	0.40	4.10%	–	–

출처: 뱅크오브아메리카

1959년만 샴의 법칙 0.5% 이상 도달 후 5개월 후에 경기 침체가 오고 나머지는 모두 그 이전에 경기 침체가 왔다. 즉 샴의 법칙은 경기 후행 지표다. 샴의 법칙이 0.5%에 도달했을 때 주가는 이미 폭락해 있었다.

2023-2025 나스닥 주봉 – 정배열 후 장기 우상향

출처: 미국 경제분석국

경기 침체의 정의는 GDP의 2분기 연속 마이너스가 수반되어야 한다. 그런데 2024년은 GDP가 2분기 연속 플러스이므로 경기 침체가 아니다. 또 샴의 법칙이 0.5% 이상 충족한 시기와 나스닥 고점을 비교하면 다음과 같다.

샴의 법칙 0.5% 충족 시기와 나스닥 고점 시기 비교

샴의 법칙 0.5% 넘은 시기	나스닥 고점 시기	갭
2024.8.2	–	–
2020.4	2021.11.19	+1년 7개월
2008.4	2007.10.31	−6개월
2001.6	2000.3.9	−1년 3개월
1990.11	1989.10.10	−1년 1개월

코로나 사태는 사건성으로 보아 제외하면 샴의 법칙에 도달했을 때는 나스닥 고점이 이미 1년 이상 지난 시기다. 즉 주식 매도가 아니라 매수를 해야 할 시기인 것이다. 주가 천장을 잡는 데 이런 경기 후행 지표를 참고할 필요는 없다.

정배열·역배열
장기 투자 노하우

정배열, 역배열은 3년~4년 주기의 키친 사이클과 관련된다. 예로 50일 이동평균선이 200일 이동평균선 위로 올라온 것을 정배열이라고 한다. 그 후 2년 전후 주가가 계속 우상향하는 경향이 있다. 이를 활용하여 장기 투자하면 수익을 볼 수도 있다. 예를 들어 2023년 정배열이 된 후 2년여 동안 나스닥 시세가 장기 우상향했다. 2016년이 그랬고, 2012년도 그랬다.

2023년 정배열 이후 장기 우상향하는 나스닥 주봉

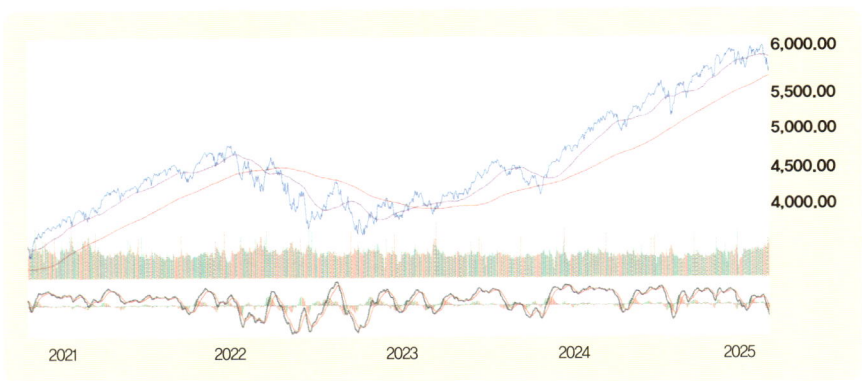

출처: 야후 파이낸스

반대로 역배열이 되면 매크로 경기 악재 강도에 따라 반년에서 길게는 2년 정도 주가가 계속 우하향했다. 이것만 알고 지켜도 돈을 벌 수 있다.

대형 유동성 투입 후
최대 몇십 년간 불장

몇십 년에 한 번 대형 경기 침체가 온다. 경기 침체 탈출을 위해 대량의 유동성이 투입된다. 그 유동성은 기업 연구 발전에도 활용되어 신기술이 개발된다. 이는 주가의 장기 상승을 불러일으킨다. 오일 쇼크 때의 유동성 투입으로 그 후 20여 년간 미국 주가가 우상향했다. 리먼 쇼크 때 유동성 투입으로 그 후 미국 빅테크의 장기 우상향이 이어졌다. 코로나 사태 유동성 투입으로 향후 장기 주가 우상향이 기대된다. 돈이 돌아야 기업도 신기술을 개발할 수 있다.

다음은 미국 M2 유통 중 통화량의 성장률 피크 시 각각의 시기다.

📈 M2 통화량 증가율과 인플레이션율의 관계

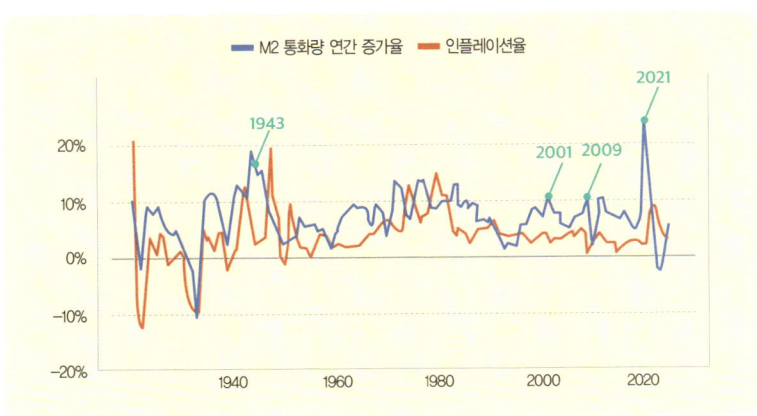

출처: 롱텀트렌드

📈 M2 통화량, CPI, GDP의 장기적 추이

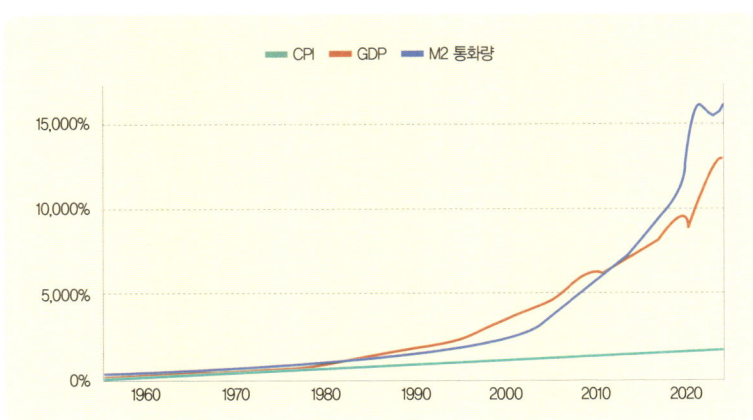

출처: 롱텀트렌드

'M2 통화량'은 유통 중인 통화량을 측정하는 지표다. M2에는 M1(실물 현금 및 수표 가능 예금)과 저축 은행 계좌와 같은 '덜 유동적인 통화'가 포함된다. 앞의 그래프는 연간 M2 성장률과 소비자 물가 지수(CPI)의 연간 변화로 정의되는 인플레율을 나타낸다. 인플레이션이 높으면 상품과 서비스 가격이 상승하고 따라서 통화 단위당 구매력이 감소한다.

역사적으로 M2는 경제와 함께 증가했다. 그러나 전쟁과 경기 침체기에는 연방 부채와 GDP가 함께 증가했다. 가장 최근의 역사에서 M2 성장률은 2001년과 2009년의 위기에서 10%를 넘어섰는데, 이 기간 동안 중앙은행은 대규모 자산 매수를 포함하여 확장적 통화정책을 시행했다. 통화 공급량 증가와 인플레이션은 떼려야 뗄 수 없는 관계다.

오일 쇼크로 1983년까지 돈을 풀었다 2000년까지 17년간 계속 올랐다. 닷컴 쇼크와 리먼 쇼크로 2009년 3월까지 돈을 풀었다. 2020년 2월까지 11년간 계속 올랐다. 돈을 풀면 평균 11년~20년 정도 주가 대호황이 왔었다.

코로나로 2021년 3월까지 돈을 풀었다. 2022년 1월까지 1년 오르다가 물가로 금리를 올려 2022년 10월까지 10개월 조정을 받았다. 그 후 2025년까지 오르고 있다. 물론 3년~4년 주기 키친 사이클을 탄다. 키친 하락은 있으나 다시 오를 것이다.

보통 10년 이상 오르니 2030년대 초반까지는 오를 것이라 생각할 수 있다. 이는 콘드라티예프 사이클과 유사하다. 콘드라티예프 사이클이 2034년경까지 상승한다. 키친으로 폭락했을 때 유망주를 매수하면 한 10년 안에 큰돈을 벌 수 있을지 모른다.

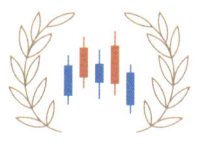

금이 비트코인의 선행 지표인 가설

금 관련 지표를 살펴보면 비트코인의 흐름을 선행하는 듯한 모습을 발견할 수 있다.

과거에 금 시세 폭등 후 1년 안에 비트코인이 폭등하는 경향이 있었다. 그 이유는 중앙은행이 금을 담보로 하는데, 금 시세가 올라가면 금을 담보로 대출이 늘어난다. 이는 M2 유동성 증가로 이어지고 유동성과 상관관계가 높은 비트코인이 뒤이어 상승한다는 메커니즘이다. 단 키친 사이클 호경기 때만 M2 유동성이 늘어나서 비트코인이 상승하므로 경기 매크로도 확인해야 한다.

📊 금 선물과 비트코인 가격의 장기 추세 비교

출처: 올스타차트

📊 비트코인과 금 ETF 종가 비교

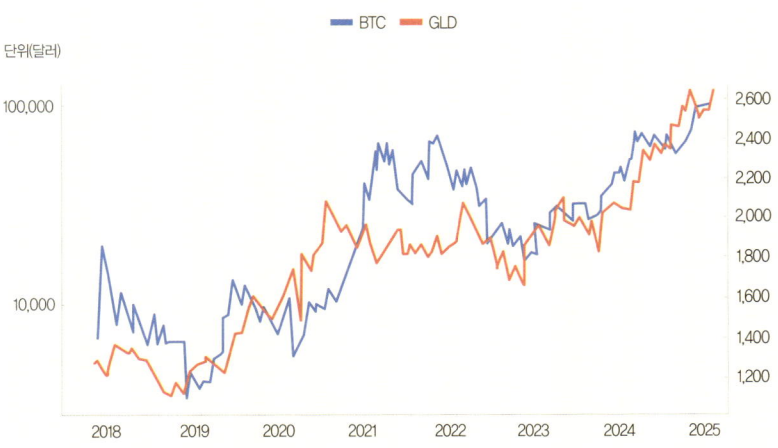

출처: 야후 파이낸스

장기 우상향 중인
자산을 보여주는 지표

다음은 한국보다 퇴직 연금 DC의 역사가 긴 일본 한 은행의 섹터별 투자 수익률이다. 해외주식 수익률이 압도적으로 높다. 그냥 해외주식에 투자하는 것이 답일 수 있다. 파이어족들은 미국 주식 인덱스에 투자한다.

또 달러와 M2 유동성이 늘면 화폐가치 하락으로 금의 가치가 상승할 수 있다. 이들이 안정적으로 장기 우상향을 기대할 수 있는 자산의 예다.

일본 미즈호 은행의 퇴직 연금형 DC 수익률 비교

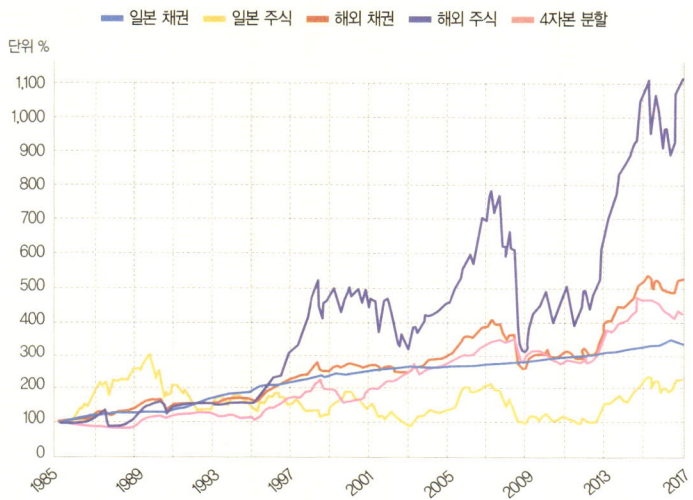

출처: 미즈호은행

금과 달러 지수의 상관관계

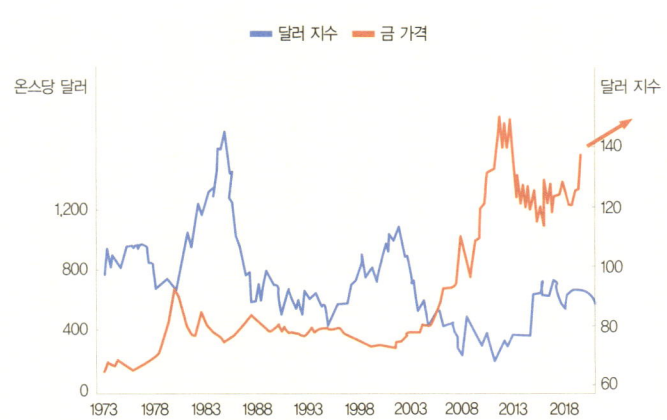

출처: 블룸버그

가까운 미래에 기회가 두 번은 더 있다

AI, 블록체인 등 미국 장기 콘드라티예프 사이클이 약 2033년경까지 상승하는 듯하다.

앞으로 10년 안에 2번의 돈 벌 기회가 있다고 생각한다. 대략 키친 사이클 천장이 2029년 6월 전후 그리고 2033년 1월 전후에 다시 온다. 한마디로 2번의 주가 상승 파도가 아직 남아있다. 그 전에 실력을 쌓고 이기는 투자법을 구상하여 과욕을 버린 투자로 수익을 내서 이 기회에 졸업하자.

📊 미국 콘드라티예프 사이클

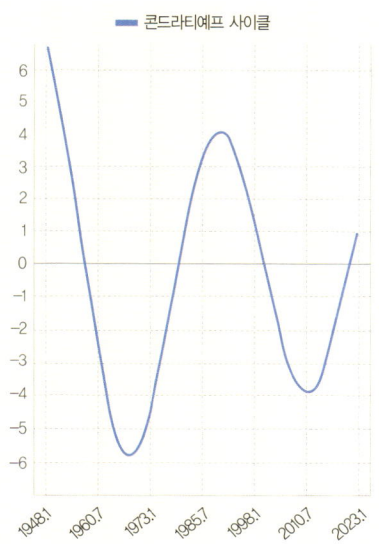

2020년 코로나 사태로 인한 미국의 수조 달러 유동성 공급, 10년 간에 걸친 미국의 인프라 유동성 1조 달러 공급 등이 혁신주 상승을 이끌 듯하다. 여기서 혁신주는 비트코인, 인공지능, 로봇, 소형 원자력, 양자컴퓨터, 우주, 방산, 항공 등과 관련된 주식을 말한다. 즉 2033년까지 혁신주가 급등할 수 있는 절호의 호기에 있는 것이다. 근거로는 큰 위기가 온 뒤 대규모 유동성이 공급됐을 때 10년~20년간 주가가 상승했던 데이터가 있다.

📊 **미국 콘드라티예프 사이클 천장/바닥 정리**

천장	바닥
1991.1	1969.1
2033.7(예측)	2011.7

　이처럼 장기적으로 볼 때 가령 10번의 키친 사이클 파도타기가 인생에 남아있다. 기회가 많고 시세 등락도 많다. 장기간 살아남는 전략을 가진 사람이 승리자가 될 것이니 서둘지는 말자. 살아남은 자가 승리자다. 지속 가능한 자가 승리자다. 서두르지 말고 손익비가 가장 좋은 시기로 1년에 1번 정도만 투자해도 된다. 천천히 오래, 결국 승리하는 투자를 하자.

외생설과
엘니뇨 주기 및 태양 흑점 주기

엘니뇨(el Niño)는 페루와 칠레 연안에서 일어나는 해수 온난화 현상이다. 엘니뇨의 주기는 약 3.5년으로 키친 사이클 주기와 비슷하다. 예로 엘니뇨로 인해 수온이 0.5도 상승했을 때 일본 철 공업 생산량과 반비례했다. 태양 흑점 주기는 흑점 수가 많아지면 태양에너지를 많이 받고 곡물 생산량 등이 증가하여 이것이 주가에도 영향을 미친다는 이론이다.

복합 경기 사이클 이론에 의해 태양 흑점 대소 주기는 내생설 주기(사이클 주기)와 영향을 주고받는다.

태양 흑점과 사이클 간의 관계

- 태양 흑점 약 22년 중주기: 쿠즈네츠 사이클과 비슷
- 태양 흑점 약 55년 주기: 콘드라티예프 사이클과 비슷
- 태양 흑점 약 110년 초 대 주기: 부채 사이클 주기와 비슷

태양 흑점의 소주기는 약 11년으로 주글라 사이클 평균보다 조금 길다. 윌리엄 스탠리 제번스(William Stanley Jevons)가 주글라 사이클보다 조금 긴 태양 흑점 활동에 기인한 11년 주기가 있다는 것을 주창했다. 일례로 태양 흑점 수와 일본의 5년간 경기 확대 지속 기간이 비례했다.

국제 표준 태양 흑점 수

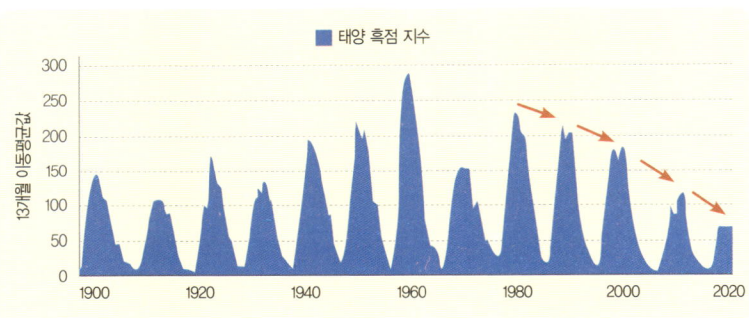

출처: 벨기에 왕립천문대

향후 약 수십 년간 흑점 활동이 적은(에너지 발산이 적은) 주기에 접어들고 있다.

[Key Point]
테슬라 장기 전망

2021년 9월 8일에 테슬라 부정론을 올렸었다. 이후 테슬라 주가는 2022년에 폭락했었고 2025년에도 성과가 좋지는 못하다. 향후도 좋게 보지 않으나 키친 사이클상 2026년 하반기 전후에 한 번 매수 기회가 올듯하다.

필자는 기본적으로 미국 제조업체에는 투자하지 않을 방침이다. 대신 서비스업 같은 비제조업에 투자할 생각이다. 미국은 국민소득이 높아 제조업에 맞지 않는 나라이기 때문이다. 테슬라도 미국 제조업체로 분류한다.

2019년 8월 테슬라가 중국 배터리 회사 CATL과 합의했다. 중국에서 생산하는 테슬라에 CATL의 배터리를 납품하기로 합의한 것이다. 이런 배터리가 본격 양산에 들어가면 중국 정부의 목적이 서서히 달성된다. 이제 CATL은 테슬라에 납품하는 회사라는 타이틀을 받게 된다. 이게 상당히 중요하다. 테슬라에 납품하는 회사라면 세계 어느 전기차 회사에도 당당히 납품할 수 있게 된다.

한때 일본 자동차 회사가 한국 부품사들의 부품 전시와 프레젠테이션에 참여한 적이 있다. 그때 이런 말이 나왔다.

> "현대자동차에 부품을 공급한 실적이 있으면 오케이입니다."

당시 현대자동차는 정몽구 회장의 초기 3개월 품질 IQS 개선 의지로 불탔다. 이때 일본 자동차보다 좋거나 비슷한 수준으로 품질을 개선해 세계적인 자동차 수출 회사로 성장하고 있었다. 이처럼 테슬라에 부품을 공급하면 '오케이'라는 증명서 타이틀을 얻게 된다. 즉 한 번만 공급하면 두 번씩 공급할 필요가 없다. 테슬라의 중국 존재 가치가 사라지는 것이다. 이 목적을 달성하면 폐기 처분, 토사구팽이다.

중국 공산당 정부는 자국 전기차 회사를 키우고 테슬라는 점점 중국에서의 판매량이 줄게 된다. 중국에 진출한 현대자동차나 폭스바겐이나 마찬가지로 이용만 당하는 것이다. 그 시기를 CATL 기준으로 한다면 이제 금방이다. 중국의 다른 부품사들도 테슬라 덕에 타이틀과 기술을 확보하면 진짜 끝이다.

📊 **2020-2021 테슬라 EV 판매량**

세계 EV 판매량	2021.1.7(단위: 대)	2020.1.7(단위: 대)	성장률
전체 산업	3,039,961	1,198,840	154%
테슬라	421,100	212,006	99%
테슬라 EV 점유율	13.85%	17.68%	-

※EV = 전기 콘센트에 꽂을 수 있는 자동차

2021년은 테슬라가 60만~80만 대 전후를 판매할 듯하다. 그중 절반 정도가 중국에서 생산될 예정이다. 중국 시장은 테슬라에게 엄청 중요하다. 절반을 팔기 때문이다.

- 테슬라, 7월 중국산 차량 32,968대 판매, 중국 내 판매량은 전월 대비 급감
- 테슬라, 8월 중국산 차량 44,264대 판매, 내수 인도량 증가

출처: 로이터

실제 중국 배터리 회사는 기업 소개에 뭐라고 얘기하고 있을까? 중국 배터리 및 전기차 회사인 BYD의 2020년경 자료를 살펴보자.

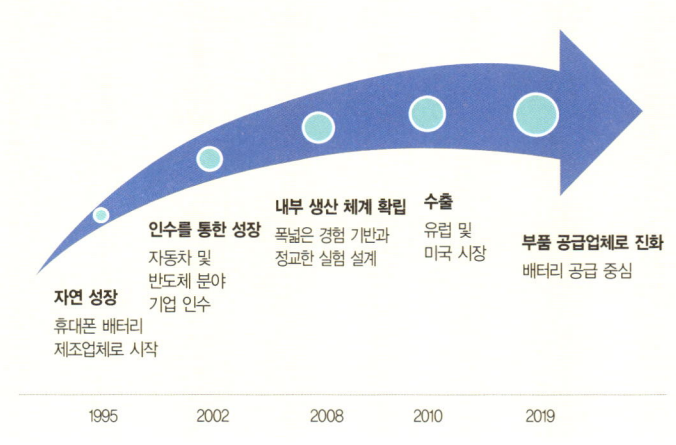

BYD의 25년 전략: 배터리 셀 생산부터 최종 제품까지

핵심은 2019년부터 배터리 공급업체로 성장했다고 선전하는 부분이다. 그 내용을 정리하면 다음과 같다.

📊 BYD의 배터리 사업

- 2002년
  리튬인산철(LiFP) 배터리 연구개발 시작, 셀 및 팩 생산 라인 구축

- 2005년
  최초의 LiFP 배터리 출시

- 2008년
  NCM(니켈코발트망간) 배터리(60Ah) 출시

- 2011년
  모든 유형의 차량용 배터리 인증 획득(전기버스, 전기차, 전기택시, 전기트럭) 세계 최초로 전기버스 보조금 지원 자격 획득

- 2012년
  NCM 배터리, 플러그인 하이브리드 전기차용으로 인증 획득

- 2013년
  Huineng 200Wh 자동차용 배터리 팩 생산 라인 구축

- 2014년
  BEV 및 PHEV용 배터리 팩 대량 생산 시작

- 2015년
  NCM 배터리(86Ah) 대량 생산

- 2016년
  Kangfu 완전 자동화 모듈 생산 라인 구축

- 2017년
  시안(Xian)에 신규 공장 설립

특히 자기들은 저렴한 가격으로 배터리를 공급할 수 있다고 강조한다.

저가 배터리 공급을 강조하는 BYD

BYD, 저가 배터리 제공

- 배터리 셀 가격은 시장에서 가장 낮은 수준이지만, 에너지 밀도는 선도적이지 않다.
- 새로운 "블레이드" 배터리 팩 디자인은 셀의 낮은 에너지 밀도를 보완하기 위한 것으로 알려졌다.
- 블레이드 배터리의 주요 비용은 팩 기준으로 85달러/kWh로 주장되며, 내구성은 120만km 또는 8년이다.
→ 언론에서는 BYD가 "혁신을 과장하고 있다"고 보도됐다.
- 새로운 세대는 폭이 최대 2.5m인 상용차와의 시너지를 염두에 두고 설계되었다.

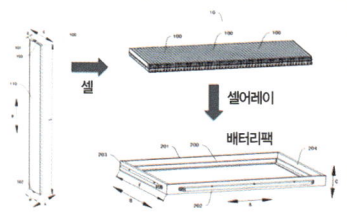

출처: BYD

또 자동차 회사와 프레젠테이션을 실시할 때 판매량에서 거의 선두 그룹인 것을 강조한다. 특히 중국 시장의 전기차 버스, 전기차 트럭 그리고 전기 승용차의 배터리 판매 실적을 강조한다. 여기에 '테슬라의 배터리 공급업체다'라는 문장이 들어가면 바로 게임 끝이다. 폭스바겐, 지엠, 포드, 닛산, 혼다 등 세계 어떤 회사에도 공급할 수 있게 된다.

그러면 중국 정부는 웃으면서 테슬라를 토사구팽하고 자국 전기차 회사 성장에 박차를 가할 것이다. 테슬라의 중국 판매 점유율은 떨어지기 시작할 것이고 중국 비중이 높은 테슬라는 타격을 받을 것이다. 그만큼 테슬라의 세계 시장 점유율 역시 점점 하강할 가능성이 높다.

그래서 필자는 일론 머스크의 2030년 연간 2천만 대 판매 목표에 대하여 비난한다. 자동차 비전문가들이 쉽게 하는 착각이 있다.

애플 아이폰 vs 삼성 갤럭시
테슬라 vs 비테슬라 자동차 회사

자동차 비전문가들은 이런 식으로 비교한다. 하지만 상황이 다르다. 아이폰 갤럭시가 세계를 양분할 때 자동차 시장을 양분한 자동차 회사가 있었던가? 테슬라가 나왔으니 미래는 다를 거라고? 전형적인 자동차 비전문가의 시각이다. 테슬라는 자동차 시장을 양분할 수 없다.

전기차에서 소비자들이 원하는 게 뭘까? 차량 가격, 주행거리, 품질, 품격, 지역적 요구, 서비스, 디자인 등이다. 여기서 테슬라가 25% 이상 시장을 석권할 정도로 독점할 수 있는 부분이 있는가? 차량 가격은 중국 전기차가 더 쌀 게 뻔하다. 그럼 주행거리를 테슬라가 독보적으로 길게 제공할 수 있을까? 아니다. 오히려 테슬라보다 이 부분은 LG화학, 삼성SDI같은 배터리 회사에 물어보는 게 더 나을 거다.

또 테슬라의 품질은 악평이 자자하다. 품격은 포르쉐 등 다른 고급 전기차 메이커들도 많다. 지역적 요구도 진짜 큰 문제다. 가령 인도에서는 인도 전기차를 살 게 뻔하다. 그래서 일본에서는 일본 차가 많이 팔리고 한국에서는 한국 차가 많이 팔린다. 서비스도 현지화 서비스는 현지 메이커가 최고다. 디자인 역시 테슬라만 멋질 이유가 없다.

테슬라 FSD(Full Self Driving, 완전자율주행) 시스템도 문제가 있다. 이 기술은 다양한 센서와 카메라, AI를 기반으로 주행 환경을 인식하고 판단하는 능력을 갖추고 있다. FSD는 주행 중에 차선 유지, 차간 거리 유지, 교차로와 신호등 인식, 주차 등의 기능을 자동화하여 운전자의 부담을 줄여준다.

필자는 캘리포니아 운전면허증을 소유하고 있으며 미국의 고속도로 주행 경험도 있다. 미국의 고속도로는 거리가 워낙 길기 때문에 자율주행이 필요한 것은 사실이다. 언젠가는 실현될 것이다. 문제는 시기다. 아직 남은 문제점이 많이 있다.

먼저 고속도로가 무료이고 차선이 많은 곳은 편도 8차선 심지어 10차선에 육박한다. 고속도로에 차량이 너무 많고 차량 속도도 빠르다. 고속도로를 진입하고 탈출하는 데 고난도의 운전 기술이 필요하다. 고속도로에서 차선 바꾸기 역시 한국 고속도로보다 2배~3배는 어렵다. 차량이 많고 속도도 빠르다. 보통 시속 100km 이상으로 달리곤 한다.

그래서 미국은 백미러에 경보등과 경보기가 필수로 달려있다. 차선을 바꿀 때 무리하게 변경하면 요란한 경고를 울린다. 소형차 및 오토바이 등이 후측방에 다가왔을 때 사이드미러로 확인되지 않는 경우도 있는데, 이럴 때 사이드미러 내 BSD 심볼에 경고등이 들어온다. 이 사양이 법률상 필수일 정도로 대부분의 미국 무료 고속도로는 붐빈다.

타이어 펑크 경보기도 필수다. 도로비를 받지 않다 보니 도로 상태도 안 좋다. 심지어 화장실 시설까지 엉망이다. 그래서 타이어 펑크가 자주 난다. 비포장도로도 있다. 자율주행으로 가다가 타이어에 펑크라도 나면 위험할 수 있는 부분이다. 이처럼 자율주행 인프라 구축에는 보이지 않는 많은 난관들이 아직도 남아있다. 자율주행차가 대형 사고라도 낸다면 관련 법규와 사고 처리 인프라 구축에 시간이 걸릴 것이다. 교차선 등의 신호체계 인프라도 새로 구축해야 할 것이다. 2020년, 많은 테슬라 옹호가가 FSD의 실현을 예상했지만 필자는 2020년에는 전혀 실현 가능성이 없고 2025년에도 실현이 어렵다고 말했었다.

마지막으로 테슬라를 안 좋게 보는 이유가 있다. 자율주행차는 소송 리스크가 크기 때문이다. AI 카메라만으로는 부족하다. 미국인들의 안전 불감증이라고 생각한다. 인간과 AI는 인지 시스템이 다르다. 서로 같다는 생각으로 시작하면 더욱더 많은 난관에 부딪힐 것이다.

버핏2배랩

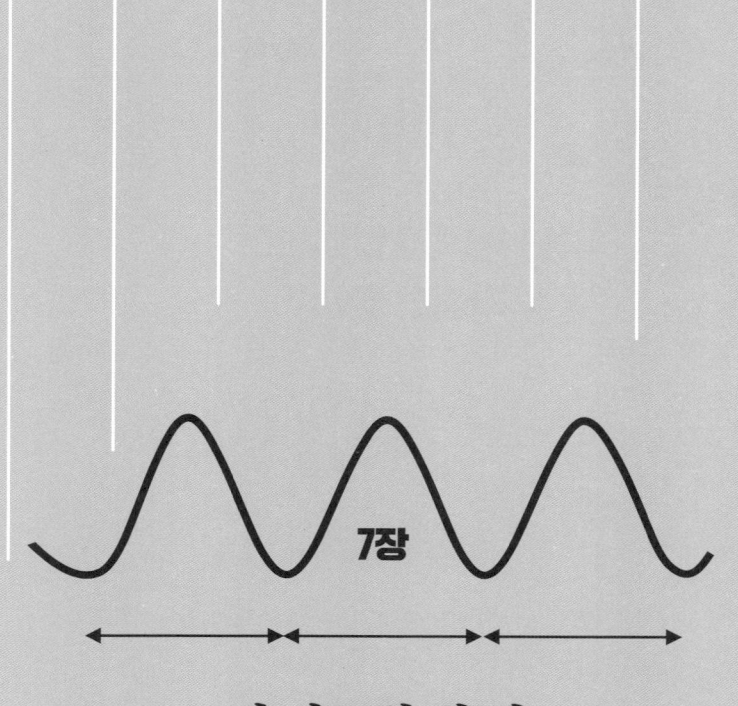

7장

버핏2배랩의 우상향하는 투자 원칙

어떤 원칙과 방법으로 투자해야 할까?

지금부터 나오는 투자 원칙은 필자가 지금도 지키고 있고 앞으로도 발전해나갈 투자 원칙이다.

📊 필자가 실천하는 투자 원칙

- 지속 가능하도록 안전자산에 50% 이상 비중을 항상 유지한다.
- 충분히 검토하여 성공 스토리를 만들고 네 종목 이하로 투자한다.
- 매수는 충분히 기다린 뒤 진행한다.
- 매도는 인간의 반복 확인 심리가 나오면 진행한다. 리스크 회피로 분할 매도를 하고 최후의 탈출 방책을 세우고 이를 준수한다.
- 투자에만 몰두하지 않고 건전한 인격 함양을 목표로 한다.

투자 비중

투자 비중은 안전형 인덱스 등에 50% 이상 투자, 성장형 개별 종목 등에 50% 이하를 투자한다. 개별 레버리지 종목 비중이 전체의 25%를 넘지 않는다. 이 비중을 유지해야 지속 가능하다. VOO, SPY, QQQ 같은 안전형 인덱스 펀드에 투자하여 매년 평균 12% 이상 안정적인 수익을 실현한 좋은 경험이 있어서 이를 평생 지켜나갈 생각이다. 버핏옹의 사후 S&P500 인덱스 투자론과도 일치한다.

투자 종목

투자 종목은 네 종목 이하로 한다. 충분히 검토하여 성공 스토리를 만들어놓고 그 방법으로만 투자한다. 즉흥적인 투자, 과욕 투자를 방지하기 위함이다. 검토할 때는 경기 매크로, 이벤트 강도, 차트 순서로 검토한다.

경기 매크로는 몇 년 이상 장기 주가 사이클에 영향을 미치는 요소로 많은 지표 중 키친 사이클, 그 외 경기 사이클들, OECD 선행지수 및 재고량 동향 등을 투자에 기본으로 이용한다. 단 리먼 쇼크 이후 MMT 시대에 접어들어 경기 매크로에 관계없이 대량 유동성 투입 시는 이후 주가가 우상향 가능성이 있다. 이때 장기적인 정배열, 역배열을 활용한다(재고 사이클).

이벤트 강도는 1년 이하 중기 주가 사이클에 영향을 미치는 요소다. 호재, 악재 등 이벤트 강도 차이를 판단하여 주가 변동 기간과 깊이를 가늠하여 투자 판단을 내린다.

차트는 앞서 설명했던 유용한 지표를 활용하고 여기에 인간 심리를 잊지 않고 적용해야 한다.

매수 타이밍

매수는 충분히 기다린 후 매수한다. 안정형 인덱스 펀드의 경우 200주 이동평균선 아래로 시세가 내려오면 키친 사이클에 의한 주가 바닥 시기로 분할 매수 시점일 가능성이 높다. 안정주, 개별주, 위험주, 레버리지 종목 등 인간 심리와 개별 특성에 의해 매수 타이밍은 차이가 있으니 이를 감안한다.

가령 MACD 다이버전스는 위험 레버리지 종목에서는 쌍바닥이 3번가량 나온 후 바닥을 찍는다. 이때 수일 연속 개미 털기 큰 폭락이 나온 후가 매수 시그널이 될 수 있다. 비트코인 같은 중간 위험 종목은 다이버전스 쌍바닥이 2번가량 나온 후 바닥을 형성할 수 있다. 역시 수일 연속 개미 털기 큰 폭락이 나온 후가 매수 시그널이 될 수 있다.

나스닥처럼 보다 안정적인 종목은 MACD 다이버전스 출현 없이 두 번째 쌍바닥이 더 깊을 때 바닥인 경향이 있다. 개미 털기 수일 연속 폭락은 변동성이 클 때만 나오고 평소에는 나오지 않는다. 이처럼 위험도에 따라 경향의 차이가 있고 이를 고려하면 성공할 수 있다.

안정형 인덱스는 상기 경기 매크로 검토 결과에 따라 투자한다. 개별 종목은 경기 매크로에 따르며 개별 종목 중 안정형 비중을 50% 가져간다. 밸류에이션과 수익 및 성장성을 평가하고 투자한다.

성장형 위험 종목은 리스크를 회피하고 손익비가 최대일 때만 투자하기 위해 기본 연 1회 바닥에서만 매수한다. 투자 시기는 경기 매크로 우상향 시기에 한정한다. 레버리지 종목은 손익비가 최대일 때 투자하기 위해 기본 연 1회 바닥에서만 매수한다. 투자 시기는 경기 매크로 우상향 시기에 한정한다. 평소에는 레버리지 종목을 잊고 투자하지 않는다.

한국인들은 미국 증권가에서 호구로 비웃음을 살 정도로 무모하게 위험 레버리지 종목에 투기를 많이 한다. 예로 MSTX 같은 2배 레버리지 종목은 90% 폭락하므로 어중간한 시점에 매수하면 투자금을 거의 다 잃게 된다. 이런 위험한 레버리지 종목은 평소에 잊고 투자하지 않는 게 원칙이다. 사람들의 원성이 하늘을 찌를 때가 보통 MACD 다이버전스 쌍바닥이 3번 나왔을 때다. 투자하겠다면 이때 투자해야 한다. 경기 매크로 우상향 중 MACD 다이버전스로 쌍바닥이 3번째 나왔을 때만 사와카미 투자법으로 도와주러 매수한다. 1년에 한 번만 매수해야 손익비가 좋아 리스크를 줄일 수 있다. 잃지 않는 투자법으로만 한다. 기다리는 투자법이다. 급한 성질을 죽이자.

매도 타이밍

주가의 중간 천장 때 시그널이 나온 후 분할 매도한다. 이때 경기 매크로와 이벤트를 고려한다. 종목 간 차이를 알고 인간 심리와 욕심을 제어한 투자를 한다.

바닥 매수 때와는 정반대로 MACD 다이버전스는 위험 레버리지 종목에서는 안 나오는 게 원칙이다. 단 기본 쌍봉은 나온다. 위험 종목은 수일 연속적인 개미 유인 급등이 매도 시그널이 될 수 있다. 비트코인 같은 중간 위험 종목은 MACD 다이버전스 쌍봉 2번가량 나온 후 중간 천장을 찍을 수 있다. 역시 수일 연속적인 개미 유인 급등이 매도 시그널이 될수 있다.

나스닥처럼 보다 안정적인 종목은 뚜렷한 MACD 다이버전스 쌍봉이 3번 정도 나온 후 중간 천장을 찍을 수 있다. 개미 유인 연속 급등은 시세 변동이 심할 때만 나오고 평소에는 나오지 않는다.

선물 옵션 FX 같은 초 위험 종목에는 투자하지 않는다. CFD 차익 거래는 부자 절세로 할 수 있으나 2배 레버리지 이하로 해야 지속 가능하다. 비트코인 채굴주 투자는 경기 매크로 우상향기에 증자 악재가 나온 후 1년에 1회씩만 바닥 매수한다. 반도체 주식은 반도체 키친 사이클에 따라 투자한다(키친 천장보다 약 1년 정도 반도체 천장이 빠를 수 있다).

인격 함양

투자를 인격 함양 기회로 삼는다. 기다리고 욕심을 내려놓고 타인이 잘되길 바라는 심성을 가진다. 투자에만 집중하여 인생을 허비하지 말고 더 큰 인생 목표를 완수한다. 남들에게 해가 되는 투자는 하지 않는다. 남들을 도와주는 투자를 한다. 건강과 안전 사랑을 실천하고 수익분의 일정분은 지속적으로 사회에 환원한다.

매수와 매도는
터닝 포인트 때 해라

미국 주가 천장 예측에 큰 도움을 주는 미국 재고량 변화를 분석해 보자. 미국 재고량 키친 사이클 계산은 실질 데이터에 의한 계산이라 신뢰성이 있다. 입력 데이터는 연준 집계 미국 산업 재고량으로 한다.

📊 **미국 산업 재고량**

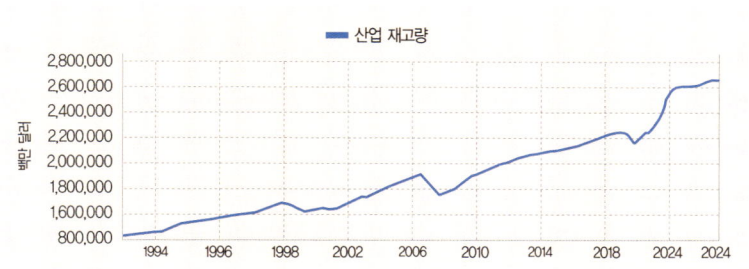

출처: FRED

2025년 기준 2022년부터 3년간 상승 속도는 느리다. 여전히 서행 우상향 상황이다. 급하게 재고량이 늘지 않아 나쁘지 않다. 변화를 보기 위해서는 재고량 전월비 관찰이 필요하다.

📈 2023-2025 재고량 전월비 변화

날짜	재고량	재고량 전월비
2023-10-01	2583446	-
2023-11-01	2577995	-5.45
2023-12-01	2591108	13.11
2024-01-01	2585336	-5.77
2024-02-01	2594839	9.50
2024-03-01	2590962	-3.88
2024-04-01	2599646	8.68
2024-05-01	2610354	10.71
2024-06-01	2617668	7.31
2024-07-01	2628117	10.45
2024-08-01	2634861	6.74
2024-09-01	2636447	1.59
2024-10-01	2640024	3.58
2024-11-01	2646273	6.25
2024-12-01	2639314	-6.96
2025-01-01	2648899	9.59
2025-02-01	2653551	4.65
2025-03-01	2655706	2.16
2025-04-01	2656533	0.83

2025년 4월 데이터 기준 재고량 전월비는 오히려 줄었다. 주식은 낮은 재고량을 좋아한다. 높은 재고량이 기업 실적 악화를 말하기 때문이다. 2024년 12월에 일시적으로 재고량이 줄었었다. 과거 기준

으로 보면 일시적으로 재고량이 줄고 나서 5개월~8개월 후에 주가 진천장을 맞았었다. 2025년 4월 기준 4개월째라 과거 기준으로는 아직이다.

과거 나스닥 진천장 시점을 다시 복기하면 2007년은 키친 사이클이 상승 가속도를 줄이는 산등성이에 있을 때쯤 재고량 전월비가 일시 폭락한 후 7개월 뒤에 나스닥 주가 천장을 맞았다. 2018년은 5개월 후에 나스닥 주가 천장을 맞았다. 2021년은 8개월 후에 나스닥 주가 천장을 맞았다. 2025년은 8개월 후라면 나스닥 주가 천장은 8월이 된다.

법인세를 대폭 인하했던 2018년 트럼프 1기 때는 키친 사이클 천장 이후에 주가 천장이 왔었다. 2018년 초 관세 우려로 주가가 빠져 상승 타이밍이 밀린 이유도 있었다고 생각한다. 2025년 트럼프 2기 때는 키친 사이클 천장이 9월 예상이고 관세 폭탄으로 주가가 일시적으로 폭락하고 다시 오르는 상황이라 역시 주가 상승분이 밀릴 가능성이 있다.

근거로는 2025년 4월 시점 재고량 전월비다. 재고량이 몇 개월 연속 폭증할 시점에 주가 천장이 왔었다. 2007년도 역시 키친 천장 이후에 주가 천장에 도달했었다.

주요 사이클과 미국 나스닥 천장 비교

나스닥 천장	미국 키친 사이클 천장	미국 주글라 사이클 천장	키친과 나스닥 천장 차이
2021.11.19	2022.1	–	−2개월
2018.8.29	2018.6	2016.1	+2개월
2007.10.31	2007.6	2007.1	+4개월

이유는 2000년~2004년의 저금리로 인한 M2 유동성 증가와 과도한 대출 때문으로 풀이된다.

📊 2001–2007 미국 연간 M2 증가율 정리

연도	미국 M2 증가율(연간)	비고
2001	+8.9%	경기 부양 본격화
2002	+6.3%	저금리 + 유동성 확대 지속
2003	+5.4%	
2004	+5.5%	
2005	+4.5%	여전히 빠른 속도
2006	+5.7%	주택시장 고점 부근
2007	+6.2%	서브프라임 위기 전까지 확장 기조 유지

📊 2000–2004 미국 연준의 저금리

연도	연준 기준 금리	비고
2001.1	6.50%	닷컴 버블 붕괴 직후
2001.12	1.75%	9·11 테러 → 공격적 금리 인하
2003.6	1.00%	역사상 최저 수준 금리 도달
2004.6	1.00% → 점진적 인상 시작	금리 정상화 개시

2001년부터 2004년은 공격적 금리 인하로 경기를 부양했고 가계·기업 대출은 급증했다. 2003년부터 2006년은 부동산 가격이 급등하고 저신용자를 대상으로 한 '서브프라임 모기지'가 급팽창했다. 이후 2007년까지 금융기관들이 MBS(주택담보부증권)·CDO 등에 과도한 레버리지를 사용했다. 연준은 시장에 대출 가능한 유동성을 지속 공급하고, 규제는 미비했다. 저신용자 대상 '서브프라임 모기지'에서 볼 수 있듯이 과도한 대출로 부동산 경기가 너무 올랐었다.

2025년 주가 향방

2025년은 재고량 일시 하락 후 8개월 이상 지난 시점에 주가 상승설이 힘을 얻는다. 트럼프 1기의 법인세 인하분에는 못 미치나 트럼프 2기 때도 세금 감면이 있고 세계적인 유동성 증가와 기준 금리 인하 경로에 있기 때문이다.

다른 근거는 2025년 4월 기준 키친 사이클이 천장이 아니고 재고량이 적기 때문이다. 중타 차트로 보면 2025년 7월~2026년 초 사이에 주가 천장에 도달할 가능성이 가장 크다. 7월은 마진으로 만약 주가가 급히 오른다면 빨리 천장을 맞는 경향이 있기 때문이다.

키친 천장 예상 시점이 9월이라 6월 기준 3개월 전 이므로 카운트는 시작하지 않았다. 아직 다이버전스가 나왔다고 말할 수도 없다.

4월 초 트럼프 관세 폭탄으로 주가 폭락 후 3개월째 주가 상승 중이라 과거의 통상 5개월~6개월 중타 상승 기간보다 아직 짧다. 더 기다려보기로 한다.

📊 2024-2025 나스닥 일봉 차트

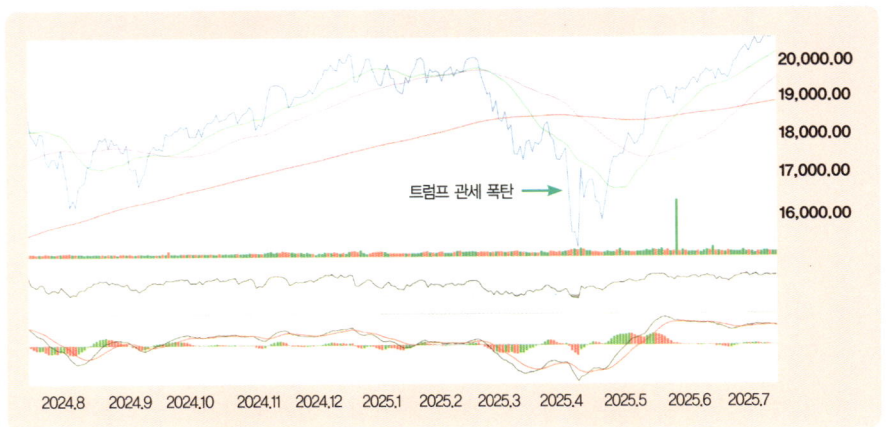

출처: 야후 파이낸스

    이벤트는 4월의 트럼프발 관세 인상률 폭탄 악재 이벤트가 지나고 지금은 호재 이벤트가 더 많다. 7월경 미국 부채 한도 승인 가능성으로 인한 2025년부터 수천억 달러의 유동성 증가 가능성, 트럼프의 각종 감세안, 은행 자기자본비율 SLR(Supplementary Leverage Ratio) 완화로 최대 수천억 달러 유동성 공급 가능성, 재무부 국채 바이백으로 분기별 수십억 달러 유동성 공급 가능성, 관세 대응으로 중국, 독일, 한국 등의 2025년 수조 달러 유동성 공급 등이 그 호재 이벤트 예다.

    관세 인상률은 트럼프가 양보를 거듭하여 당초 전체 평균 관세 약 6%에서 약 21%로의 관세 인상 예상이 지금은 줄어서 약 6%에서 약 13% 전후 인상으로 예상된다. 이는 애널리스트 예상 범위 안이라 호재로 작용할 것이다.

📊 미국 산업 재고량을 활용한 키친 사이클

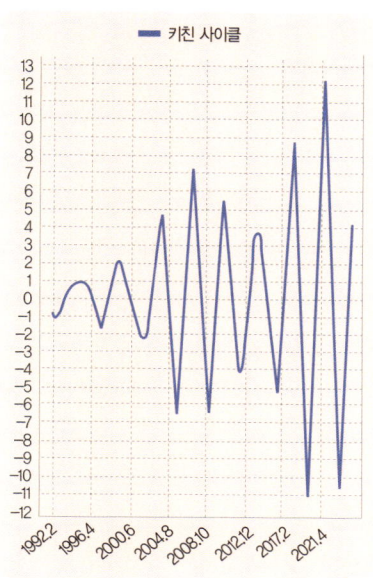

미국 산업 재고량 사이클은 천장을 향해가고 있다. 천장 높이는 저번보다 낮다.

📊 재고량으로 계산한 키친 사이클 천장 바닥 터닝 포인트

천장	바닥	천장 - 천장 갭
2007.6	2005.9	-
2010.10	2009.2	3년 4개월
2014.6	2012.7	3년 8개월
2018.6	2016.8	4년
2021.12	2020.3	3년 6개월
2025.8~10(예측)	2023.9	3년 8개월(예측)

재고량 주기는 변동이 더 심한 편이라 이것으로 정확하게 주가 천장을 예측하기는 힘들다. 2025년의 정황과 과거와의 차이를 생각해야 한다. 트럼프 1기 때 키친 주기가 4년으로 밀렸다. 2018년 1월부터 경고한 관세 폭탄으로 주가가 폭락하고 그 후 뒤늦게 주가 천장을 맞았다. 법인세 인하 등이 그 이유다. 이 패턴이 2025년에도 반복된다면 역시 주가 천장이 밀릴 가능성도 있다.

주가 천장에 영향을 미치는 중요한 요소는 당연히 기업 실적인 재고량 증가지만 우리는 리먼 쇼크 때 MMT 실시 이후 유동성 장세에 있다는 것을 명심해야 한다.

CME 기준 금리 인하 예상

■ 최고 확률 금리 구간

날짜	300~325	325~350	350~375	375~400	400~425	425~450
2025.7.30	0.00%	0.00%	0.00%	0.00%	10.33%	89.67%
2025.9.17	0.00%	0.00%	0.00%	0.00%	78.89%	21.11%
2025.10.29	0.00%	0.00%	0.00%	32.33%	67.67%	0.00%
2025.12.10	0.00%	0.00%	0.00%	84.90%	15.10%	0.00%
2026.1.28	0.00%	0.00%	20.33%	79.67%	0.00%	0.00%
2026.3.18	0.00%	0.00%	69.37%	30.63%	0.00%	0.00%
2026.4.29	0.00%	0.00%	98.33%	1.67%	0.00%	0.00%
2026.6.17	0.00%	47.02%	52.98%	0.00%	0.00%	0.00%
2026.7.29	0.00%	98.33%	1.67%	0.00%	0.00%	0.00%
2026.9.16	15.05%	84.95%	0.00%	0.00%	0.00%	0.00%
2026.10.28	28.33%	71.67%	0.00%	0.00%	0.00%	0.00%
2026.12.9	31.15%	68.85%	0.00%	0.00%	0.00%	0.00%

※2025년 6월 21일 시점   출처: CME

2025년 12월까지 연준이 평균 2차례 기준 금리 인하를 할 것이라 예상하고 있다. 기준 금리를 내리면 각국의 대출이 늘고 유동성 증가와 경기 활성화에 도움이 된다. 그만큼 주가 상승에도 좋은 영향을 끼친다. 특히 불경기가 아닐 때 나타나는 기준 금리 인하는 인플레이션을 증가시킬 만큼 경기를 활성화시킨다.

이처럼 기준 금리 인하는 주가 천장을 더 늦추는 호재가 될 수도 있다. 즉 2018년처럼 키친 사이클 천장 시기를 더 지나서 주가가 다시 오를 수 있다는 얘기다. 감세 역시 그 역할을 할 것이다. 그래서 2025년 겨울에 한 차례 더 상승해서 유동성 장세로 2025년 겨울에 주가가 재상승할 수 있는 상황이다. 만약 2025년 한여름이나 가을에 주가가 천장이라면 매도하고 나서 주가가 하락한 뒤 다시 매수하는 걸 고려할만하다.

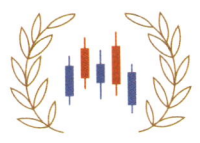

천장과 바닥은 키친 사이클이 안다

키친 사이클이 중요한 이유는 2022년 1월 미국 S&P500 인덱스 천장을 잡는데 큰 가이드가 됐었기 때문이다. 들어가기 전에 다른 중요한 지표인 장단기 금리 역전 현황을 먼저 보겠다.

📊 **미국의 10년 만기 국채 수익률 – 3개월 만기 국채 수익률**

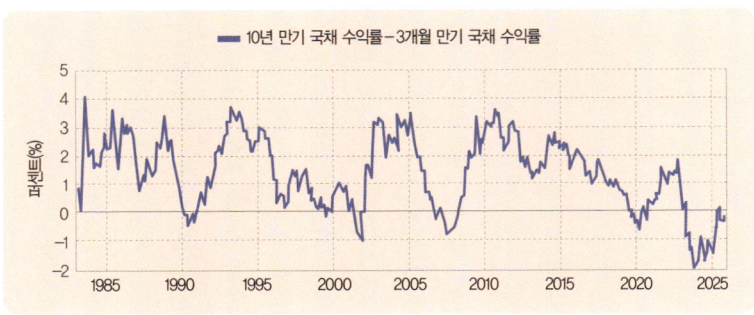

출처: FRED

2024년 12월 역전 해소 후 상승하지 못하고 다시 수평을 이어가고 있다. 트럼프 관세 인상 영향으로 풀이된다. 불경기 우려를 일으켰다. 2018년 트럼프 1기 때와는 상황이 다르다. 1기 때보다 2기 때가 관세율 변동이 더 높다. 과거 사례로 볼 때는 장단기 금리 역전 해소 후 계속 상승했었다. 지금은 여전히 수평을 긋고 있어 상황이 그때와 다르다.

이대로는 불경기에 바로 진입할 수 없다. 역전 해소 후 한바탕 상승이 필요하다. 유동성 증가와 감세 그리고 금리 인하가 이를 이끌 수도 있으나 가봐야 안다. 천재지변이 일어날 수도 있기 때문이다. 관세 인상에도 불구하고 1년 기대 인플레이션, 3년 기대 인플레이션, 5년 기대 인플레이션의 하방이 확인됐다. 연준이 기준 금리 인하를 할 수 있는 대목이다.

📊 1년 기대 인플레이션 – 하방 움직임

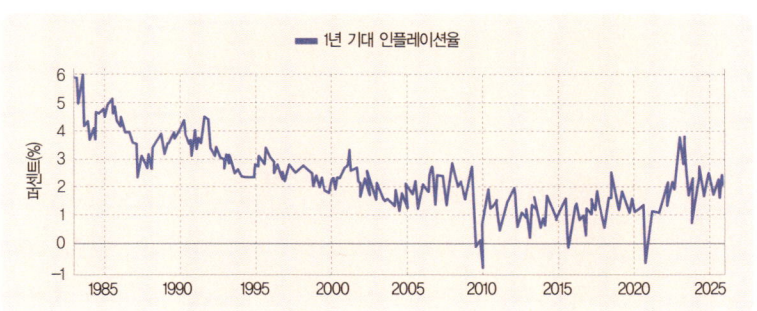

출처: FRED

📊 3년 기대 인플레이션 – 하방 움직임

출처: FRED

📊 5년 기대 인플레이션 – 하방 움직임

출처: FRED

    2025년 중 인플레이션 하방이 확인된 시점은 2025년 4월이었다. 4월 초에 트럼프가 해방의 날을 선포했는데 1주일이 되지 않아 관세 유예를 선언하여 관세를 3개월간 일시적으로 내렸다. 이유는 트럼프 예상과 다른 10년물 국채금리 급등 때문으로 보인다. 즉 예상과 달리 미국 장기 채권을 높은 이자로 매도해야 하는 역풍이 발생했기 때문이다. 이때 부채 상환 이자도 증가한다. 이러면 부채 해소가 아니라 혹 떼려다 혹 붙인 격이 된다. 관세 수입으로 부채를 갚겠다는 계획이 수포로 돌아가는 것이다.

2025년 기준 미국 GDP의 약 3.2%가 부채로 상환하는 금액인데 이렇게 되면 더 빨리 금액이 상승하게 된다. 6%가 될 수도 있다. 2024년은 약 2.4%였었다. 그래서 신용기관들이 미국 신용등급을 내리고 있는 것이다.

아직은 괜찮을 수 있지만 GDP 대비 부채비율이 2025년에 약 130%까지 증가했다. 일본은 2000년에 130%를 넘었다고 한다. 일본은 2025년에 약 270%로 가고 있다. 미국도 일본과 같이 신용등급이 계속 떨어지고 경기 추락 카오스를 경험할 수 있다.

극의 키친 사이클은 미국 산업 총생산량을 기준으로 계산할 수 있다. 미국 내에서 생산하는 제조업의 총생산량을 말한다. 미국의 비제조업이 8할 이상으로 비중이 절대적이라 제조업 지수가 파동을 더 확실하게 보이는 경향이 있어 이것을 기준으로 한다. 사실 제조업이나 비제조업이나 터닝 포인트는 별로 차이 나지 않는다.

📊 **미국 산업 총생산량**

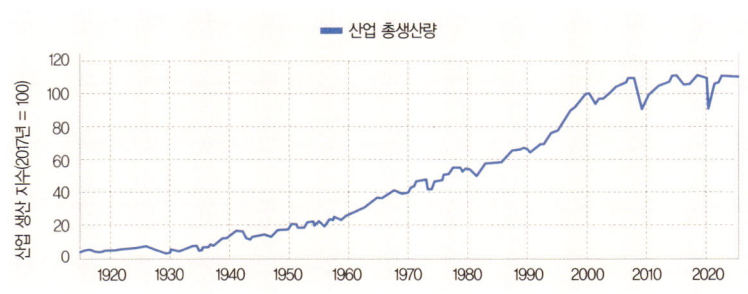

출처: FRED

미국 내 제조업 산업 총생산은 수평 정체 상황이다. 트럼프 수입 관세 인상으로 추가 상승을 기대했으나 기대에는 못 미쳤다. 미국의 1인당 GDP가 약 8만 달러대라 미국에서의 제조업 부흥은 발상에 문제가 있다. 그러나 사이클 계산은 사이클당 명확한 터닝 포인트 움직임이 더 중요하고 제조업 지수는 이를 충족시키기에 활용할 수 있다. 즉 불경기 때는 제조업에 확실한 매출 감소가 나온다.

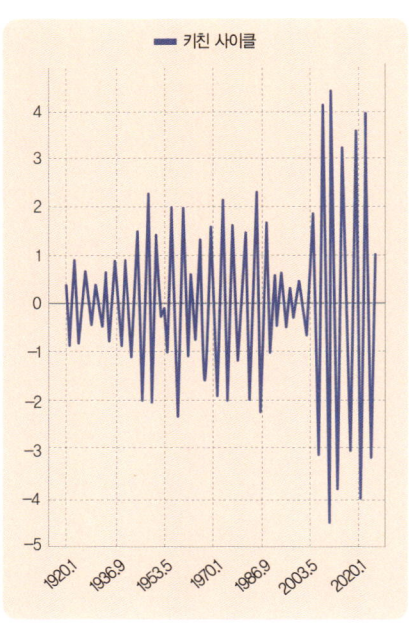

미국 산업 총생산량을 활용한 키친 사이클

이번 키친 사이클 천장은 높지 않고 꺾이고 있다. 천장 바닥을 정리하면 다음과 같다.

총생산량 미국 키친 사이클 정리

천장	바닥	천장 - 천장 갭
2003.12	2002.2	-
2007.6	2005.9	3년 6개월
2010.11	2009.2	3년 5개월
2014.7	2012.8	3년 8개월
2018.6	2016.7	3년 11개월
2022.1	2020.4	3년 7개월
2025.9(예측)	2023.10	3년 8개월(예측)

천장 간 갭이 3년 6개월~3년 11개월 사이다. 2025년은 과연 어떻게 될 것인가? 트럼프의 4월 폭탄 관세로 주가가 하락했었고 2025년 6월 기준 주가가 수습되고 있다. 그래서 주가 상승분이 뒤로 밀렸다고 판단하는 것이 바람직하다고 생각한다.

이와 유사한 과거 사례는 트럼프 1기 때다. 2018년 초부터 관세 인상 악재 이슈를 이어갔다. 이 때문에 2018년 연초부터 주가가 하락했다. 그 후 법인세 감세와 함께 즉 주가 상승이 뒤로 밀렸다. 악재 해소로 내린 주가가 다시 오른 면도 있지만 2018년 초에 발효한 법인세율 35%에서 21%로 대폭 인하 등 실질 감세가 기업 실적을 개선해서 주가가 다시 오른 면이 있다.

그럼 이번에도 주가가 밀릴 수 있는가? 관세 인상 악재 해소로 인해 내린 주가가 다시 오르는 효과는 있다. 문제는 2018년과 같은 감세액 혹은 동등 호재가 2025년 있는가다. 먼저 법인세는 21%에서 더 많이 내리기 힘들다. 또 소소한 감세안 얘기가 나온다. 그래서 감세 규모는 2018년보다 대폭 줄어들 것으로 예상된다. 관세도 올라가니 소비자 입장에서는 물가가 올라 악재도 있다.

그러나 2025년 겨울에 데드 캣 바운스처럼 재상승 가능성이 있다. 세계적으로 수조 달러의 유동성 증가 호재와 기준 금리 인하 그리고 감세 호재가 있으니 키친 사이클이 지난 이후라도 한 차례 더 주가 상승을 예상하는 것이 바람직하다고 생각한다. 이때 진입과 익절은 감정을 배제한 기계적 시그널에 따라 매매해야만 한다.

관세율 인상은 악재이나 세계적 유동성 증가, 감세와 기준 금리 인하는 주가 천장을 더 늦추는 호재가 될 수도 있다. 즉 2018년처럼 키친 사이클 천장 시기를 더 지나서 주가가 재상승할 수 있다는 얘기다. 그래서 2025년 겨울에 한 차례 더 상승해서 유동성 장세로 2025년 겨울에 진천장을 맞을 수도 있다.

기본 투자 모델

기본 투자 모델은 본서에 의거한 터닝 포인트에서만 매수, 매도하는 간단한 모델이다. 키친 사이클과 주글라 사이클이 동시에 하락 혹은 이와 동등한 큰 하락이 있을 때만 매매한다.

📊 기본 투자 모델 시각화

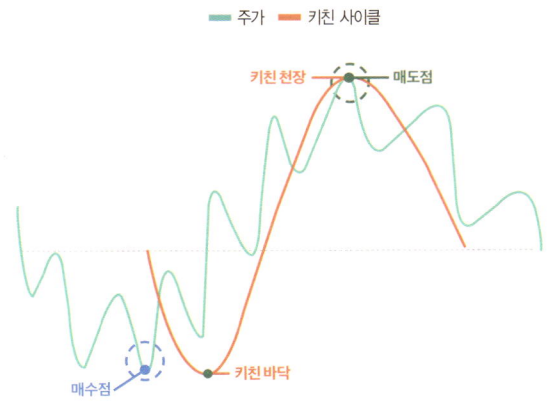

※ 큰 하락 시(키친 + 주글라 상응)에만 매매

경기 선행 지수 등으로 주가 진바닥을 예측한 후 매수하고, 키친 사이클 천장 부근에서 매도한다. 심플하게 투자하고 싶은 투자자에게 적당하다. 키친 사이클 단독 하락 때는 그냥 계속 보유하거나 각자 판단으로 중타 매매한다. 이때 MACD RSI 다이버전스를 터닝 포인트로 잡을 수 있다.

실전 투자 모델

키친 사이클 천장에 주가 천장이 온다면 다행이겠지만 실제로는 각종 이벤트로 인해 주가 피크가 키친 사이클 천장 전후에 복수로 오는 게 현실이다. 그래서 키친 사이클 천장 전후에 각각 1회씩 리스크 회피 혹은 초과 수익을 바라고 중타로 매매를 추가한다. 이러면 주식 투자에 더 많은 시간을 사용하게 되겠지만 잘만 한다면 리스크 회피와 초과 수익을 얻을 수 있다. 반대로 잦은 투자가 손실을 더 키울 수도 있다.

📊 실전 투자 모델 시각화

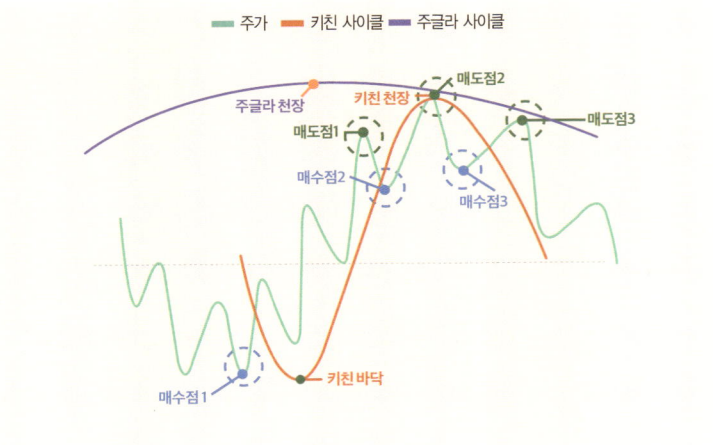

※ 큰 하락 시(키친 + 주글라 상응)에만 매매

역시 키친 주글라 동시 하락의 브론즈 사이클과 이와 동등한 큰 하락 때만 적용한다. 키친 단독 하락은 임의로 시그널에 의한 기계적 중타로 대응한다. 매크로 경기 관점에서는 다음과 같은 점을 주목한다.

투자 타이밍의 기준이 되는 것은 미국 키친 사이클과 미국 주글라 사이클 그리고 콘드라티예프 사이클이다. 특히 키친 사이클은 100년 이상 데이터가 축적되어 신뢰성이 있다. 주글라와 키친 사이클이 함께 하락하는 브론즈 사이클 불경기 때는 리스크 회피용 달러 상승이 투자 기준이 된다. 여전히 미국이 패권국이기 때문에 불경기 때는 달러 수요가 늘어서 달러 보유가 바람직하다고 생각한다.

유동성 장세에서는 키친 사이클 천장이 지난 이후에도 주가가 중기로 한 차례 더 상승할 가능성이 있다. 미국 키친 사이클과 미국 주글라 사이클이 함께 추락하는 브론즈 사이클 시기만 기본 매도를 하지만 키친 단독 하락이어도 이에 버금가는 악재 이벤트가 있을 때는 동급으로 간주하고 매도한다. 버금가는 악재 이벤트가 불분명할 수 있다. 가령 2022년과 같은 인플레이션을 잡기 위한 미국 기준 금리 인상이 그 예다. 주글라 사이클 하락에 버금갈 만큼 기준 금리 인상은 주가에 치명적인 대형 악재였다.

이렇게 매매하면 약 10년마다 매매를 하게 된다. 초장기라 빨리빨리 정신의 한국인들에게는 맞지 않을 수 있다. 그 사이에는 본서에 표시된 시그널이 왔을 때 주가 천장에서 약 반년 하락 이미지의 중타 매매를 할 수 있으나 각자 판단에 의한다.

매수는 인덱스 ETF의 매수 시기를 기준으로 한다. 미국 키친 천장 후 키친, 주글라 천장도 함께 추락하는 브론즈 사이클 혹은 동등 하락 때는 키친 천장부터 10개월후에 매수하면 된다. 매도 역시 인덱스 ETF 매도 시기를 기준으로 한다. 키친 사이클 천장에서 매도하면 된다. 역시 미국 키친 천장 후 키친, 주글라 천장도 함께 추락하는 브론즈 사이클 혹은 동등 하락 때만 매도한다.

유망 투자 종목 총정리

다음은 대장주 위주로 미래 유망 산업 종목이면서 과거에 성과가 좋았던 종목들이다.

투자 종목 분류하기

주식 종목	ETF	개별 종목
미국 주식	SPY, VOO, QQQ, GLD	엔비디아, 팔란티어, 마이크로소프트, IONQ, RGTI, 스페이스X(상장 이후), RKLB, 마이크로스트래티지
한국 주식	KODEX 골드선물(H)	SK하이닉스, 삼성전자, 한화에어로스페이스, 현대로템
공통	-	비트코인

SPY, VOO, QQQ는 버핏도 추천한 미국 대표 인덱스 종목이다. 미국 콘드라티예프 4차 산업 혁신 사이클 천장이 약 2034년 전후다. 실제 경기 데이터를 사용하여 계산하므로 콘드라티예프 천장 시기는

미래에 어느 정도 변할 수 있다. 미국이 전 세계 4차 산업을 리드하고 있고 미국 4차 산업 종목들이 미국 주식시장 시총 비중을 압권하고 있으므로 미국 주식 인덱스도 대략 2034년까지는 유망하다고 본다.

금 상품은 디플레 자산으로 인플레이션과 화폐가치 하락으로 인해 미래에도 유망하다고 본다. 비트코인은 금 상품 가치에 추가하여 무정부 디지털 탈중앙화 가치 저장소로서의 장점이 있다. 비트코인 매수 기업인 마이크로스트래티지는 비트코인의 레버리지 역할을 한다.

엔비디아와 마이크로소프트는 지속적인 AI 혁신 때문에 유망하게 본다. 챗GPT의 유용성으로 인공지능 산업은 혁신이라는 것을 경험하고 있다. 팔란티어는 보안 AI 종목으로 미래에 점점 중요한 섹터로 자리 잡고 있다. 3차 세계대전 리스크를 감안한다면 유망종목이다.

IONQ, RGTI는 미래 양자컴퓨터 관련 종목으로 유망하게 본다. 단 기대에 투자하는 위험주이므로 투자 시기는 협소하다. 스페이스X, RKLB는 우주 진출 종목으로 유망하게 보는 섹터이나 역시 기대에 투자하는 위험주이므로 투자 시기는 좁게 한정적이야 할 것이다. 개별 종목은 회사 상황이 급변하는 리스크가 있다.

국내 주식으로 넘어와서 SK하이닉스와 삼성전자는 AI 발전과 함께 유망하게 보는 종목이다. 한화에어로스페이스와 현대로템은 3차 세계대전을 향한 K-방산주로 유망하게 본다.

불경기 때 오르는 달러 ETF

매도와 매수 사이, 주가가 하락하는 불경기 때는 무슨 종목에 투자해야 할까? 그때는 달러로 그냥 보유하거나 다음과 같은 달러 ETF 종목에 투자할 수 있다.

📊 달러 및 달러 ETF 정리

달러 ETF 종목	1배 ETF	레버리지 ETF
미국 주식	UUP	EUO
한국 주식	KODEX USD 261240	KODEX USD FUTURES 261250

미국이 여전히 패권국이므로 불경기 때 달러 상승 가능성을 높게 본다. 4차 산업 주도를 보면 미국 패권 시기가 2034년까지는 일단 유지된다고 본다. EUO는 유로 인버스 레버리지로서 불경기 때의 유로화 하락에 투자한다. 또한 유로 붕괴 때도 투자한다. 즉 유럽연합이 향후 해체되는 리스크가 있을 때 투자한다.

경기 사이클
주요 터닝 포인트

앞에서 살펴본 경기 사이클 주요 터닝 포인트를 정리하면 다음과 같다.

경기 사이클 주요 터닝 포인트 – 천장

S&P500 천장	미국 키친 사이클 천장	미국 주글라 사이클 천장	키친과 주가 천장 간격	키친 천장 간격	주글라 천장 간격
–	2036.9(예측)	–	–	3년 8개월 (예측)	–
–	2033.1(예측)	2034.1(예측)	–	3년 8개월 (예측)	9년(예측)
–	2029.5(예측)	–	–	3년 8개월 (예측)	–
–	2025.9(예측)	–	–	3년 8개월 (예측)	–
2022.1.3	2022.1	2025.1	0개월	3년 7개월 (예측)	9년
2018.9.21	2018.6	2016.1	+3개월	–	9년
2007.10.9	2007.6	2007.1	+4개월	–	–

콘드라티예프 4차 산업 혁신 사이클 천장이 2025년 계산 기준 약 2034년이라는 것을 참조하여 그때까지의 투자 시기를 계산한다. 콘드라티예프 천장은 아직 유동적이고 확정된 것이 전혀 없다. 향후 계산 결과에 따라 가령 2035년 혹은 2036년이 될 수도 있다. 매수는 기본 OECD 선행 지수를 기준으로 한 매수법을 참고한다. 또 기본 브론즈 사이클과 동급에서만 매매하고 키친 단독 하락 때는 임의 중타로 한다. 중타 타점은 본서의 시그널을 참조한다.

다음은 바닥 시기를 정리한 표다. 2025년은 주글라 사이클 하락 시기와 겹쳐 브론즈 사이클 시기로 바닥 시기가 더 늦어지는 걸로 가정한다.

경기 사이클 주요 터닝 포인트 – 바닥

S&P500 바닥	미국 키친 사이클 바닥	미국 주글라 사이클 바닥	키친과 주가 바닥 간격	키친 바닥 간격	주글라 바닥 간격
-	2031.1(예측)	-	-	3년 8개월 (예측)	-
-	2027.6(예측)	(2029.10)	+12개월(예측)	3년 8개월 (예측)	9년
2022.10.13	2023.10	-	+12개월	3년 6개월	-
2020.3.16	2020.4	2020.10	+1개월	3년 9개월	9년 3개월
2009.3.9	2009.2	2002.7	-1개월	-	-

연준과 미국 재무부의 계획 경제 그리고 유동성 공급에 주가가 크게 좌우받는 유동성 장세 시대에 살고 있다. MMT 시기는 인플레이션과의 싸움이 중요해졌다. 돈을 풀어 위기를 막는 돌이킬 수 없는 시대에 있다. 부채 사이클 붕괴와 그레이트 리셋이 그 해결책이다.

이는 자본주의의 끝이 아니다. 새로운 사이클의 시작이 다시 왔었고 또 올 것이다. 결국 자본주의는 주기적으로 사람들이 풍요해지고 가난해지면서 정리되고 다시 시작된다. 일본의 버블 붕괴와 미국의 대공황 및 세계대전 이후 화폐가치 추락으로 전쟁 부채를 정리하고 그 후 경제 재건이 다시 시작된 것을 그 예로 들 수 있다.

키친과 주글라 사이클이 함께 하락하는 브론즈 사이클 하락 시기나 그와 동등한 시기만 매매한다. 그래서 변동성이 큰 레버리지 종목은 장기 투자에 독이 되므로 제외한다. 2029년 같은 키친 단독 하락 때는 키친 천장 부근에서 다이버전스 출현 등 시그널을 보고 중타로 임의로 매매하거나 그냥 보유한다.

에필로그

나는 분석하는 것과 글 쓰는 것을 좋아한다. 그 결과물이 내 책이다. 이 책을 일반인의 투자 경험을 나열한 일반적인 투자서로 보기는 힘들다. 오히려 올라운드 투자법처럼 객관적인 하나의 투자 방향으로 귀결되는 이론서이며, 일본인 일목산인(一目山人)의 일목균형표 같은 분석서에 가깝다. 또 차트 기법보다는 거시적인 매크로 경기 분석을 중점적으로 다룬 경제서라 할 수도 있다. 실용 목적도 있지만 주가의 천장과 바닥의 원리를 깨치고자 노력한 비법서이기도 하다. 비유하자면 구름 위에 올라타서 구름을 내려다보는 책이다.

이 책은 투자하면서 느낀 나의 기본 생각이 담겨있다. 투자를 거듭하면서 욕심 제어, 분할 매도·매수, 기계적 매매의 중요성을 다시 한 번 느끼고 실천하고 있다. 또한 개별 종목보다는 ETF로 통합한 보다 안전한 종목이 장기적인 투자 성공에 더 바람직하다는 것을 깨닫고 더 늘려갈 생각이다.

사실 정확하게 주가의 천장과 바닥을 잡는 것은 불가능하다고 본다. 천장과 바닥의 터닝 포인트쯤에서 욕심을 내려놓고 기계적 분할 매도·매수하는 방법이 안전한 투자다. 레버리지 투자도 할 수 있지만 적은 비중으로, 폭락하고 사람들이 힘들어할 때만 도와준다는 심정으로 해야 성공할 수 있다. 우리는 투자를 위해 태어나지 않았다. 시세판만 보지 말고 보다 더 큰 인생의 사명과 즐거움을 누릴 필요가 있다. 그래서 편안하고 안전한 투자가 갈수록 필요하다.

아마 인격 완성과 베품 등 더 큰 가치를 위해 이 세상에 오고 가는지도 모른다. 기다리고, 욕심을 내려놓고, 타인이 잘되길 바라는 심성을 가지자. 남들에게 해가 되는 투자는 하지 말자. 남들을 도와주는 투자를 하자. 스스로 벌고 스스로 행복해하는 법을 배우자. 그게 진정으로 성공한 투자이며 좋은 결실을 얻기 위한 지름길이라는 사실을 모두 알아가길 바란다.

버핏2배랩의
천장 바닥 매매 비법

초판 1쇄 인쇄 2025년 8월 11일
초판 1쇄 발행 2025년 8월 20일

지은이 | 한스(장환철)
펴낸이 | 권기대
펴낸곳 | ㈜베가북스

주소 | (07261) 서울특별시 영등포구 양산로17길 12, 후민타워 6-7층
대표전화 | 02)322-7241   **팩스** | 02)322-7242
출판등록 | 2021년 6월 18일 제2021-000108호
홈페이지 | www.vegabooks.co.kr   **이메일** | info@vegabooks.co.kr
ISBN | 979-11-94831-11-2 (03320)

* 책값은 뒤표지에 있습니다.
* 잘못된 책은 구입하신 서점에서 바꾸어 드립니다.
* 좋은 책을 만드는 것은 바로 독자 여러분입니다.
* 베가북스는 독자 의견에 항상 귀를 기울입니다. 베가북스의 문은 항상 열려 있습니다.
* 원고 투고 또는 문의사항은 위의 이메일로 보내주시기 바랍니다.

<버핏2배랩의 천장 바닥 매매 비법> 특별 부록

천장 바닥 미리 보기

특별 부록에서는 저자가 직접 계산한 사이클로 미래의 주가를 짐작해보았다. 키친, 주글라, 쿠즈네츠, 콘드라티예프 사이클을 통해 앞으로 주가의 흐름이 어떻게 흐를지 살펴보자.
이 부록에서 설명하는 실전 투자는 본문에 나왔던 실전 투자 모델을 바탕으로 서술했다. 들어가기 전에 다시 한번 숙지하고 다음 내용을 보면 투자에 큰 도움이 될 것이라 확신한다. 여기 나오는 매매 포인트는 이해를 돕기 위한 대략적인 이미지로 정확한 매매 날짜는 향후 〈버핏2배랩〉에 검토 및 업데이트된다.

환율 ETF 투자 펀더멘털 설명

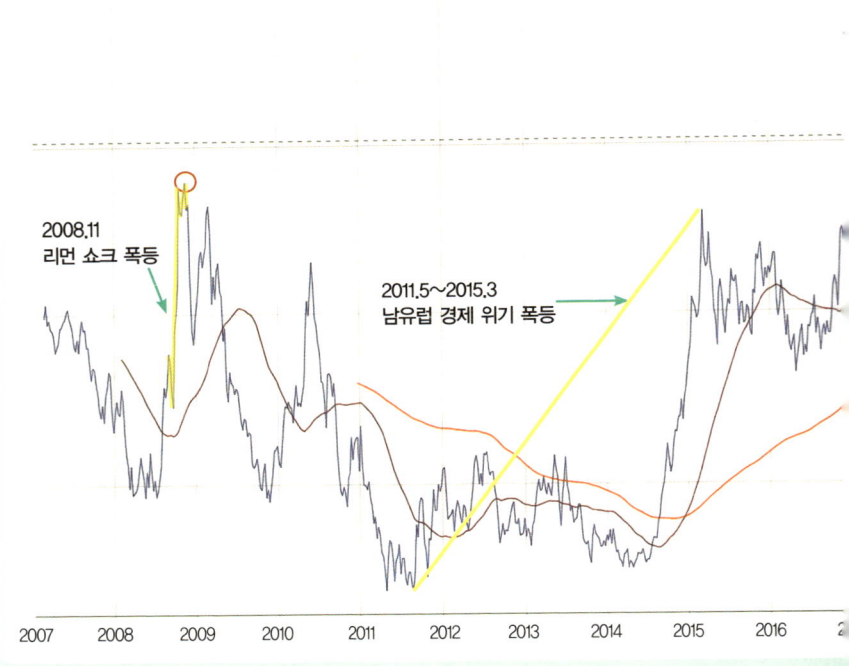

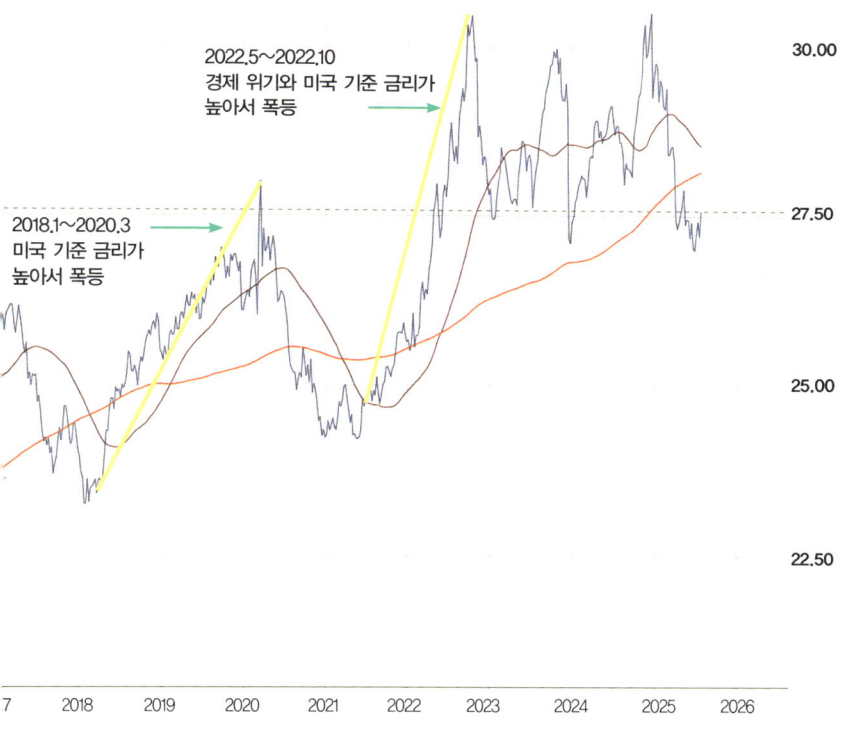

UUP는 유로에 숏을 배팅하는 대표적인 1배 ETF로 달러 롱과 같다. 유럽 분열 혹은 약화를 믿는다면 UUP에 배팅할 수 있다. 이 종목의 터닝 포인트는 세계 경제 위기 때 상승하고 미국 기준 금리가 오를 때 상승한다. 호경기 때 미국 금리까지 내리면 UUP가 내린다. 유로화는 유럽 분열 가능성이 있어 달러보다 장기로 약세로 본다. 즉 현재까지는 우상향 종목이었다. 2배 레버리지 종목이 EUO다. 역시 우상향 중이다. 한국에도 UUP와 비슷한 상품이 있다. 그것은 KODEX USD FUTURES 1배(261240)와 KODEX USD FUTURES 2배(261250)다. 경제 위기때 오르는 종목이 있던가? 거의 없다. 이를 잘 활용하자.

SPY와 UUP 조합 실전 투자 모델

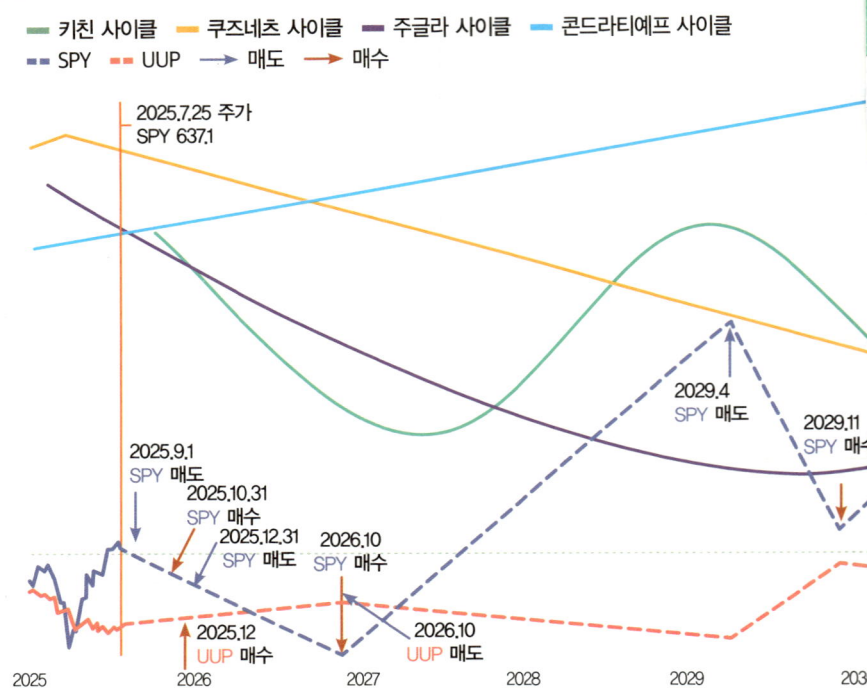

※ 표시 시기는 이해를 돕기 위한 이미지이고, 당연히 오차가 있으니 주의바랍니다.

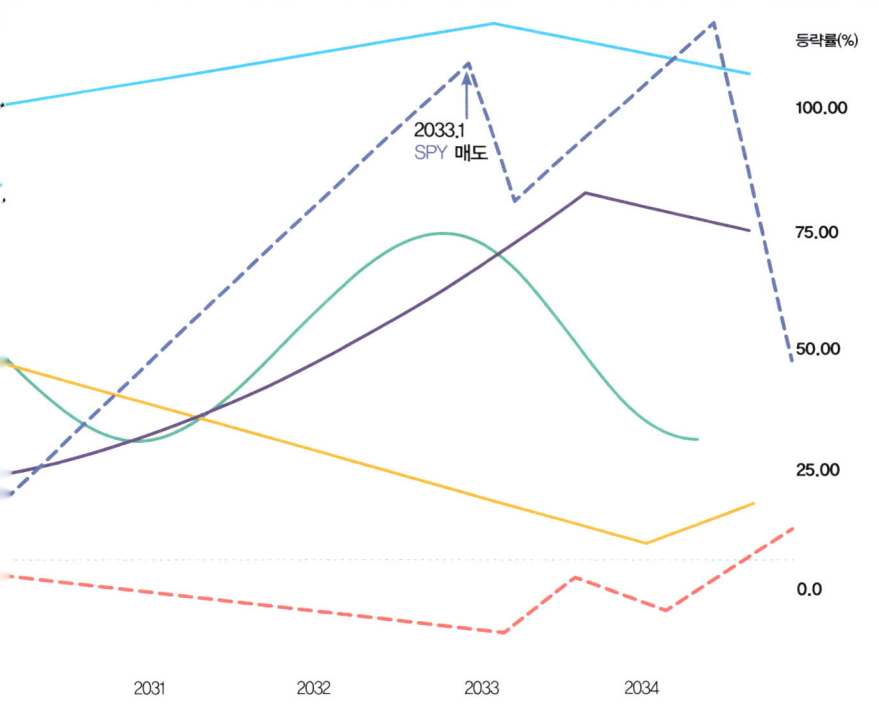

SPY와 UUP 조합 실전 투자 일지

투자 종목 및 매매	매매 타이밍	주가	누적 잔고 샘플(천 달러)
SPY 매도	2022.1.3	477.71	100
UUP 매수	2022.1.3	26.16	100
UUP 매도	2022.10.12	35.58	136
SPY 매수	2022.10.12	356.56	136
SPY 매도	2025.1.24	608	231
SPY 매수	2025.4.21	513.88	231
SPY 중간 시세 점검	2025.7.25	637.1	286
SPY 매도	2025.9.1(예측)	-	-
SPY 매수	2025.10.31(예측)	-	-
SPY 매도	2025.12.31(예측)	-	-
UUP 매수	2025.12(예측)	-	-
UUP 매도	2026.10(예측)	-	-
SPY 매수	2026.10(예측)	-	-
SPY 매도	2029.4(예측)	-	-
SPY 매수	2029.11(예측)	-	-
SPY 매도	2033.1(예측)	-	-

비교

- 키친 천장, 금리 인상 브론즈 사이클 동급
- 불경기 돌입 직전 달러 매수
- 달러 천장 부근 산등성이 탈 때 매도
- 진바닥 잡는 노하우에 의함, 키친 바닥 1년 전 매수
- MACD RSI 다이버전스 출현 상승 5개월째, 이 시기 MACD 역배열 시 완전 매도
- MACD RSI 다이버전스 출현
- 시세 점검
- 매매 타이밍은 예측 날짜, 정확한 날짜는 본서 천장 잡기 비법 참고
  3개 사이클 하락(실버 사이클), 이 시기 MACD 역배열 시 완전 매도
- SPY 매수 비교 다이버전스 출현등 기계적 중타 시그널에 의함
- SPY 매도 비교 다이버전스 출현등 기계적 중타 시그널에 의함. 이시기 MACD역배열시 완전 매도
- 불경기 돌입 직전 달러 매수
- 달러 천장 부근 산등성이 탈 때 매도
- 다이버전스 출현 등 기계적 중타 시그널 참고
- 다이버전스 출현 등 기계적 중타 시그널 참고, 이 시기 MACD 역배열 시 완전 매도
- 다이버전스 출현 등 기계적 중타 시그널 참고
- 향후 정밀 업데이트 예정, 콘드라티예프 천장 시기가 유동적이기 때문

SPY와 EUO 조합 실전 투자 모델

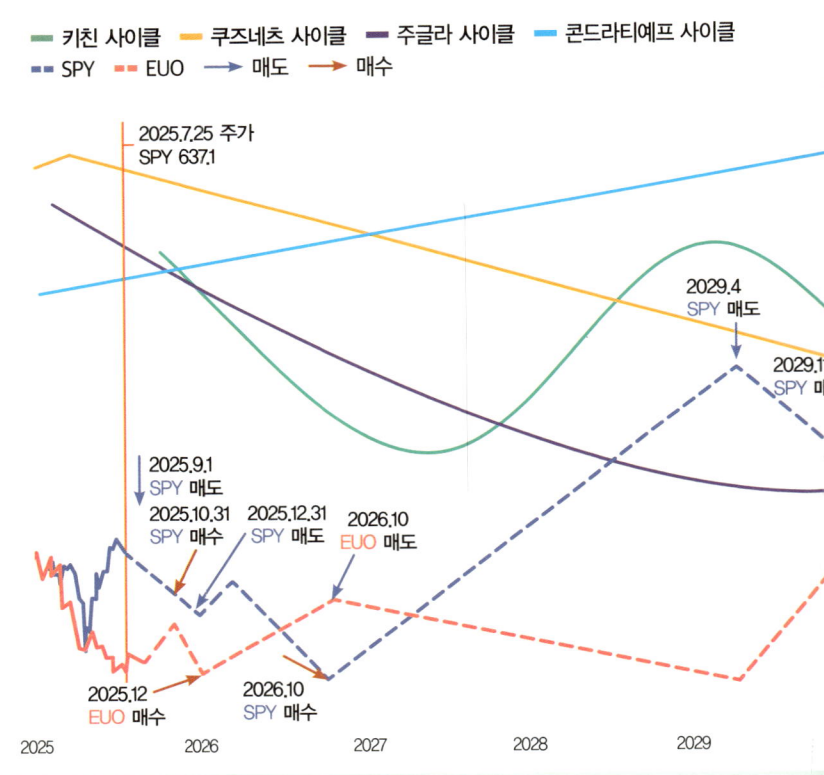

※ 표시 시기는 이해를 돕기 위한 이미지이고, 당연히 오차가 있으니 주의바랍니다.

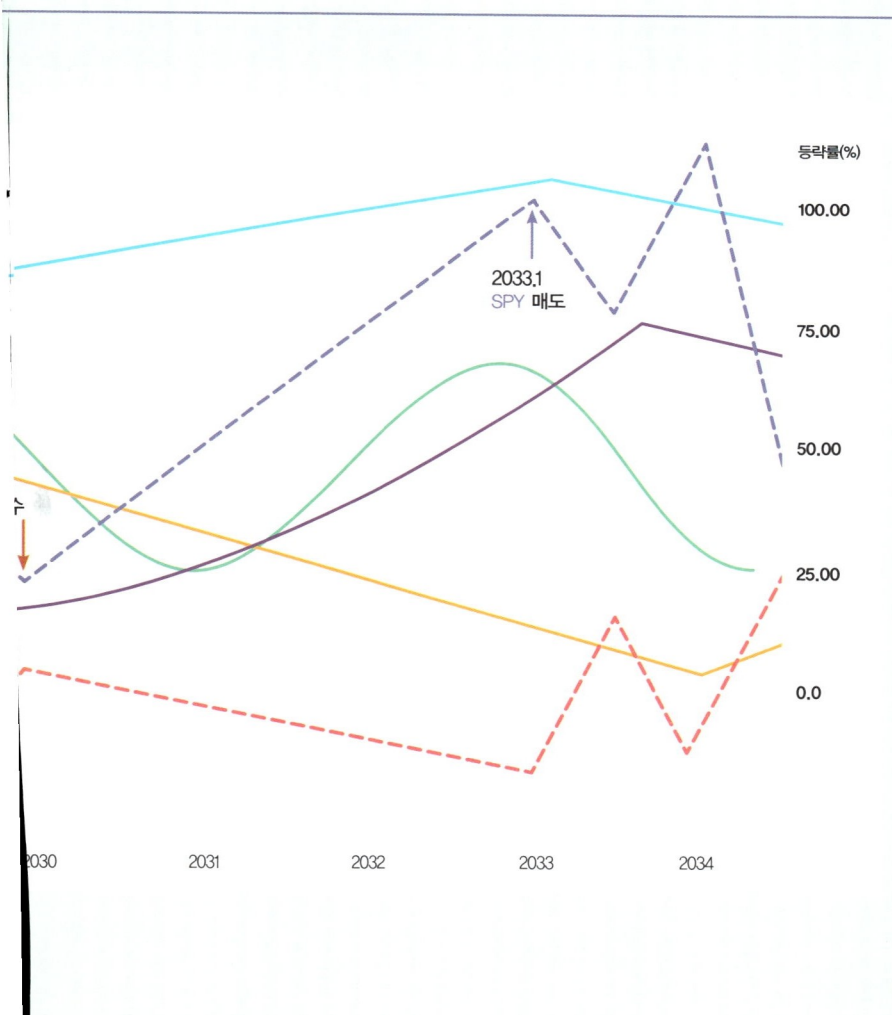

📈 SPY와 EUO 조합 실전 투자 일지

투자 종목 및 매매	매매 타이밍	주가	누적 잔고 샘플(천 달러)
SPY 매도	2022.1.3	477.71	100
EUO 매수	2022.1.3	25.79	100
EUO 매도	2022.10.12	30.45	118
SPY 매수	2022.10.12	356.56	118
SPY 매도	2025.1.24	608	170
SPY 매수	2025.4.21	513.88	201
SPY 중간 시세 점검	2025.7.25	637.1	249
SPY 매도	2025.9.1(예측)	-	-
SPY 매수	2025.10.31 (예측)		
SPY 매도	2025.12.31(예측)		
EUO 매수	2025.12(예측)	-	-
EUO 매도	2026.10 (예측)	-	-
SPY 매수	2026.10(예측)	-	-
SPY 매도	2029.4(예측)	-	-
SPY 매수	2029.11(예측)	-	-
SPY 매도	2033.1(예측)	-	-

비교
키친 천장, 금리 인상 브론즈 사이클과 동급
불경기 돌입 직전 달러 매수
달러 천장 부근 산등성이 탈 때 매도
진바닥 잡는 노하우에 의함, 키친 사이클 바닥 1년 전 매수
MACD RSI 다이버전스 출현, 상승 5개월째, 이 시기 MACD 역배열 시 완전 매도
MACD RSI 다이버전스 출현
시세 점검
매매 타이밍은 예측 날짜, 정확한 날짜는 본서 천장 잡기 비법 참고 3개 사이클 하락(실버 사이클), 이 시기 MACD 역배열 시 완전 매도
매수 비교 다이버전스 출현등 기계적 중타 시그널에 의함
비교 다이버전스 출현등 기계적 중타 시그널에 의함. 이시기 MACD역배열시 완전 매도
불경기 돌입 직전 달러 매수
달러 천장 부근 산등성이 탈 때 매도
다이버전스 출현 등 기계적 중타 시그널 참고
다이버전스 출현 등 기계적 중타 시그널 참고, 이 시기 MACD 역배열 시 완전 매도
다이버전스 출현 등 기계적 중타 시그널에 의함
향후 정밀 업데이트 예정 콘드라티예프 천장 시기가 유동적이기 때문

QQQ와 EUO조합 실전 투자 모델

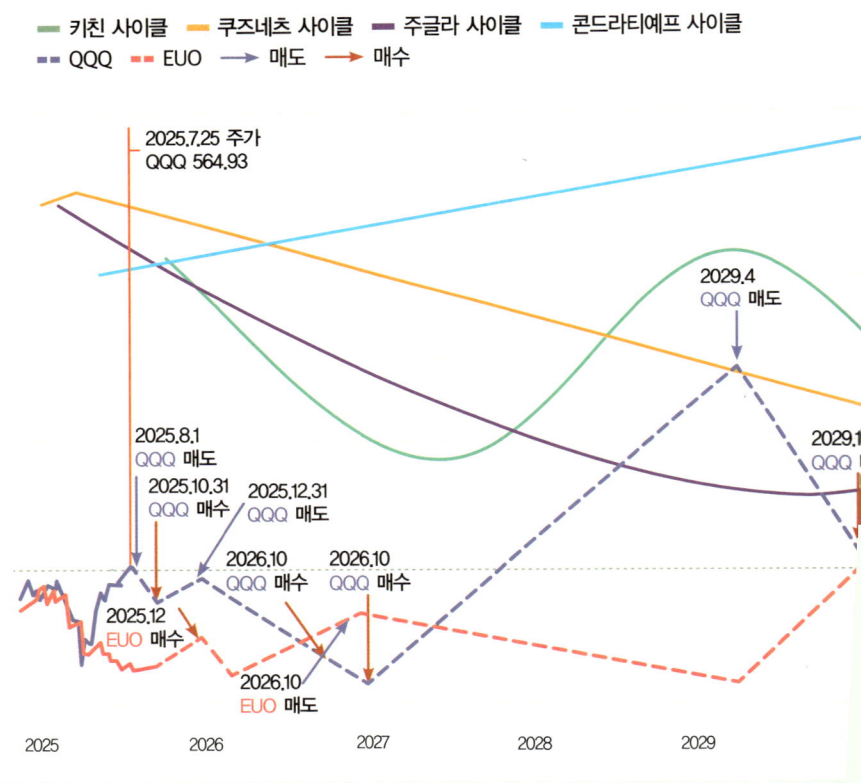

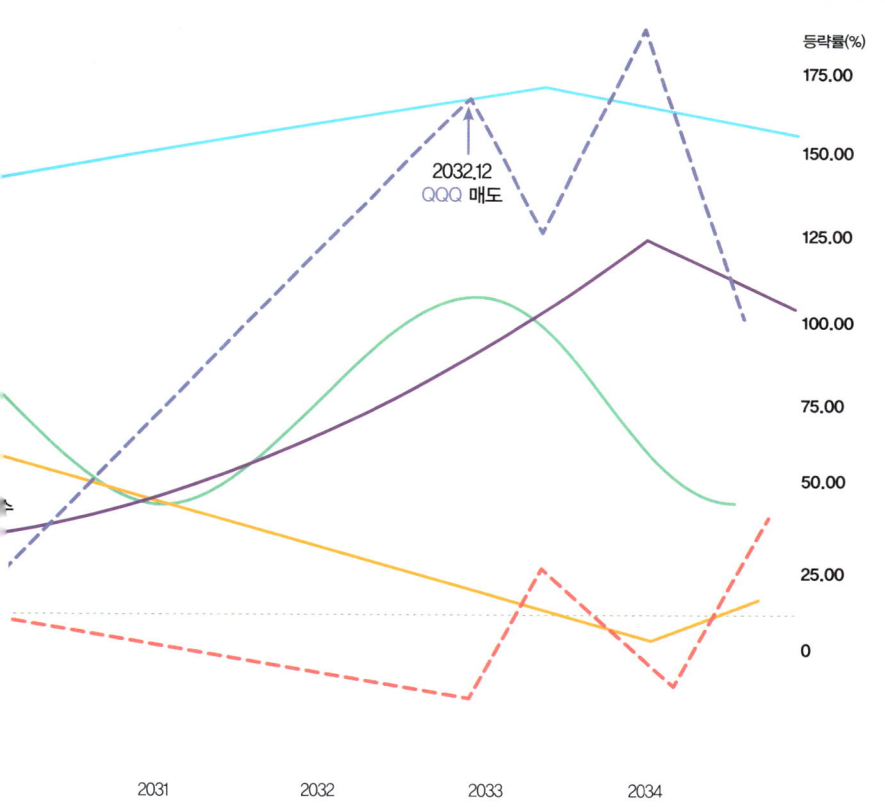

QQQ와 EUO 조합 실전 투자 일지

투자 종목 및 매매	매매 타이밍	주가	누적 잔고 샘플(천 달러)
QQQ 매도	2022.12.1	398.28	100
EUO 매수	2022.1.3	26.16	100
EUO 매도	2022.10.12	35.58	136
QQQ 매수	2022.10.12	262.52	136
QQQ 매도	2025.1.24	529.63	274
QQQ 매수	2025.4.21	433.11	274
QQQ 중간 시세 점검	2025.7.25	564.93	357
QQQ 매도	2025.8.1	-	-
QQQ 매수	2025.10.31(예측)	-	-
QQQ 매도	2025.12.31(예측)	-	-
EUO 매수	2025.12(예측)	-	-
EUO 매도	2026.10(예측)	-	-
QQQ 매수	2026.10(예측)	-	-
QQQ 매도	2029.4(예측)	-	-
QQQ 매수	2029.11(예측)		
QQQ 매도	2032.12(예측)		

비고
키친 천장 1달 전, 금리 인상, 2개 사이클 하락 (브론즈 사이클)
불경기 돌입 직전 달러 매수
달러 천장 부근 산등성이 탈 때 매도
나스닥 진바닥 잡는 노하우에 의함, 키친 바닥 약 1년 전 매수
MACD RSI 다이버전스 출현, 상승 5개월째, 이 시기 MACD 역배열 시 완전 매도
MACD RSI 다이버전스 출현
시세 점검
매매 타이밍은 예측 날짜. 키친 천장 1달 전 매도, 정확한 날짜는 본서 천장 잡기 비법 참고 3개 사이클 하락(실버 사이클), 이 시기 MACD 역배열 시 완전 매도
비교 다이버전스 출현등 기계적 중타 시그널에 의함
비교 다이버전스 출현등 기계적 중타 시그널에 의함. 이시기 MACD역배열시 완전 매도
다이버전스 출현 등 기계적 중타 시그널에 의함
향후 정밀 업데이트 예정, 키친 천장 약 1달 전 매도, 콘드라티예프 천장 시기가 유동적이기 때문
다이버전스 출현 등 기계적 중타 시그널 참고
다이버전스 출현 등 기계적 중타 시그널 참고, 이 시기 MACD 역배열 시 완전 매도
다이버전스 출현 등 기계적 중타 시그널에 의함
향후 정밀 업데이트 예정. 키친 천장 약 1달 전 매도 콘드라티예프 천장 시기가 유동적이기 때문

비트코인(BTC)과 EUO 조합 실전 투자 모델

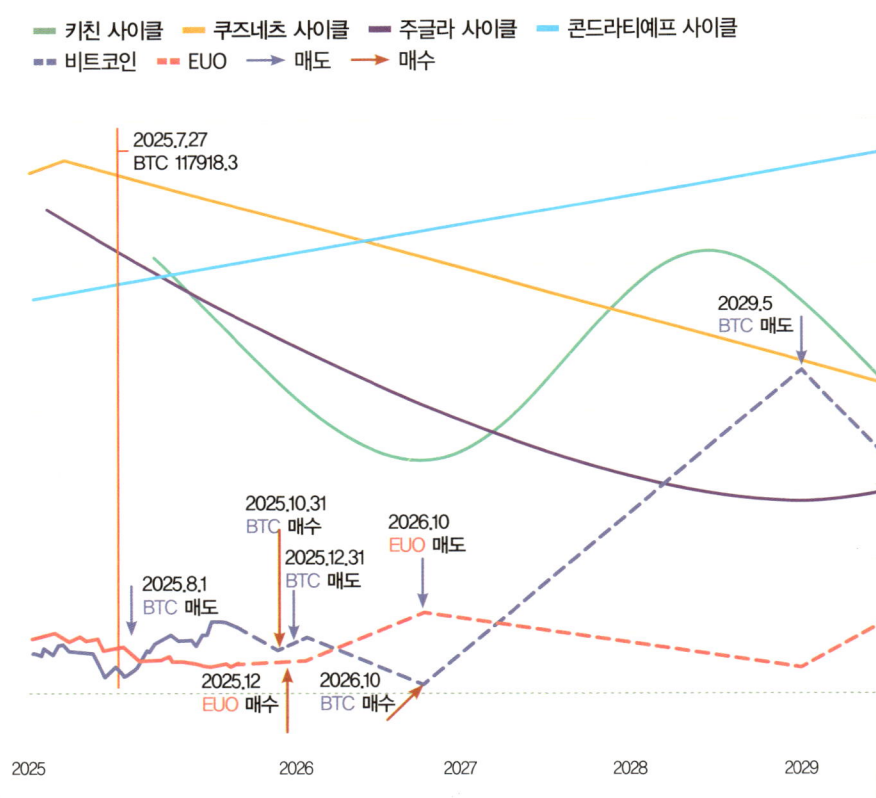

※ 표시 시기는 이해를 돕기 위한 이미지이고, 당연히 오차가 있으니 주의바랍니다.

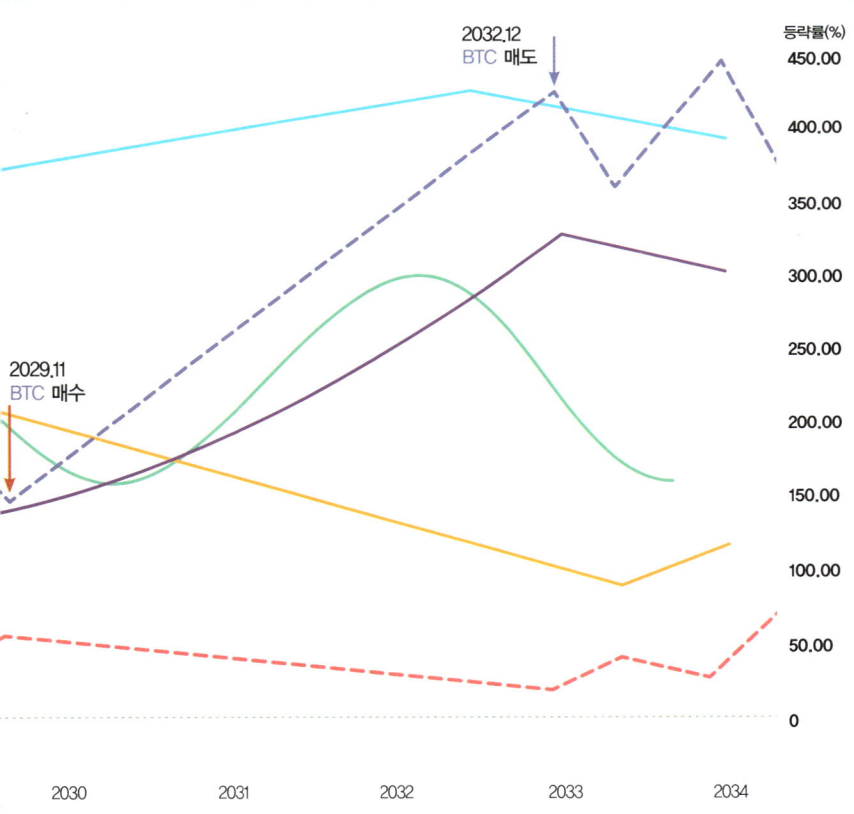

비트코인(BTC)과 EUO 조합 실전 투자 일지

투자 종목 및 매매	매매 타이밍	주가	누적 잔고 샘플(천 달러)
BTC 매도	2021.12.1	57210.3	100
EUO 매수	2022.1.3	26.16	100
EUO 매도	2022.10.12	35.58	136
BTC 매수	2022.10.12	19154.8	136
BTC 매도	2025.1.24	104862.3	744
BTC 매수	2025.4.7	79162.5	744
BTC 중간 시세 점검	2025.7.27	117918.3	1108.2
BTC 매도	2025.8.1	-	-
BTC매수	2025.10.31(예측)		
BTC매도	2025.12.31(예측)		
EUO 매수	2025.12(예측)	-	-
EUO 매도	2026.10(예측)	-	-
BTC 매수	2026.10(예측)	-	-
BTC 매도	2029.1(예측)		
BTC 매수	2029.11(예측)	-	-
BTC 매도	2032.12(예측)	-	-

비교
키친 천장 1달 전 매도, 금리 인상 2개 사이클 하락(브론즈 사이클)
불경기 돌입 직전 달러 매수
달러 천장 부근 산등성이 탈 때 매도
진바닥 잡는 노하우에 의함, QQQ 진바닥 매수와 동일 키친 바닥 약 1년 전 매수
MACD RSI 다이버전스 출현, 큰 계단식 상승법 4단계, 이 시기 MACD 역배열 시 완전 매도
MACD RSI 다이버전스 출현
시세 점검
RSI MACD 다이버전스 출현 시 매도, SPY보다는 약 1달 전 매도 이 시기 MACD 역배열 시 완전 매도
비교 다이버전스 출현등 기계적 중타 시그널에 의함
비교 다이버전스 출현등 기계적 중타 시그널에 의함. 이시기 MACD역배열시 완전 매도
불경기 돌입 직전 달러 매수
달러 천장 부근 산등성이 탈 때 매도
다이버전스 출현 등 기계적 중타 시그널 참고
다이버전스 출현 등 기계적 중타 시그널 참고, 이 시기 MACD 역배열 시 완전 매도
다이버전스 출현 등 기계적 중타 시그널에 의함
향후 정밀 업데이트 예정, 키친 천장 약 1달 전 매도, 콘드라티예프 천장 시기가 유동적이기 때문

> 변동성이 큰 종목이므로 기본 각 키친 사이클 천장 1달 전에 매도한다. 이후 충분히 하락하여 매수 시그널이 오면 매수한다. 미래 날짜는 대략적인 날짜로 버핏2배랩에서 키친 사이클 계산 결과에 따라 업데이트한다.

TQQQ와 EUO 조합 실전 투자 모델

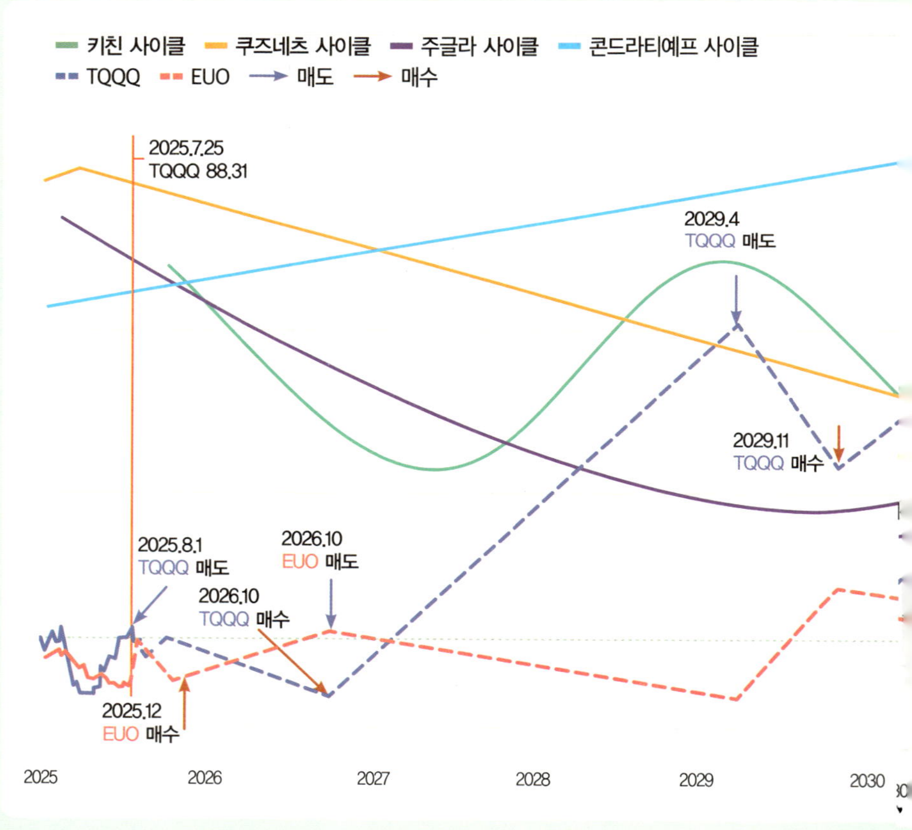

※ 표시 시기는 이해를 돕기 위한 이미지이고, 당연히 오차가 있으니 주의바랍니다.

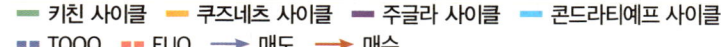

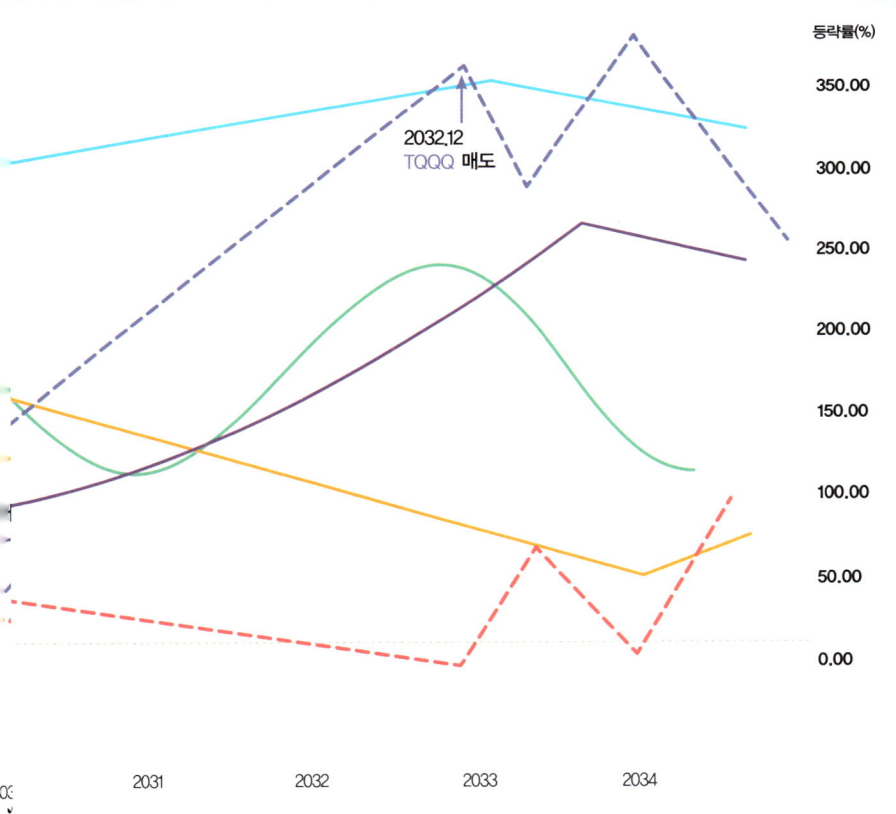

📊 TQQQ와 EUO 조합 실전 투자 일지

투자 종목 및 매매	매매 타이밍	주가	누적 잔고 샘플(천 달러)
TQQQ 매도	2022.12.1	84.43	100
EUO 매수	2022.1.3	26.16	100
EUO 매도	2022.10.12	35.58	136
TQQQ 매수	2022.10.12	18.23	136
TQQQ 중간 시세 점검	2025.7.25	88.31	658
TQQQ 매도	2025.8.1	-	-
EUO 매수	2025.12(예측)	-	-
EUO 매도	2026.10(예측)	-	-
TQQQ 매수	2026.10(예측)	-	-
TQQQ 매도	2029.4(예측)	-	-
TQQQ 매수	2029.11(예측)	-	-
TQQQ 매도	2032.12(예측)	-	-

비교
키친 천장 약 1달 전 매도
불경기 돌입 직전 달러 매수
달러 천장 부근 산등성이 탈 때 매도
나스닥 진바닥 잡는 노하우에 의함, 키친 바닥 약 1년 전 매수
시세 점검
큰 계단식 상승법 4단계에서, 익절 키친 천장 약 1달 전 매도 SPY보다는 약 1달 전 매도 이 시기 MACD 역배열 시 완전 매도
불경기 돌입 직전 달러 매수
달러 천장 부근 산등성이 탈 때 매도
나스닥 진바닥 매수점과 동일
2029.4 키친 사이클 천장 1달 전
2029.11 키친 사이클 천장 반년 후
2032.12 키친 사이클 천장 1달 전

> 변동성이 큰 레버리지 종목은 미국 키친 사이클 이후에는 변동 리스크가 크므로 매수하지 않는다. 각 키친 사이클 천장 1달 전에 매도한다. 이후 충분히 하락하여 매수 시그널이 오면 매수한다. 미래 날짜는 대략적인 이미지 날짜로 버핏2배랩에서 키친 사이클 계산 결과에 따라 업데이트한다.

한화에어로스페이스(012450)와 KODEX USD FUTURES 1배(261240) 조합 실전 투자 모델

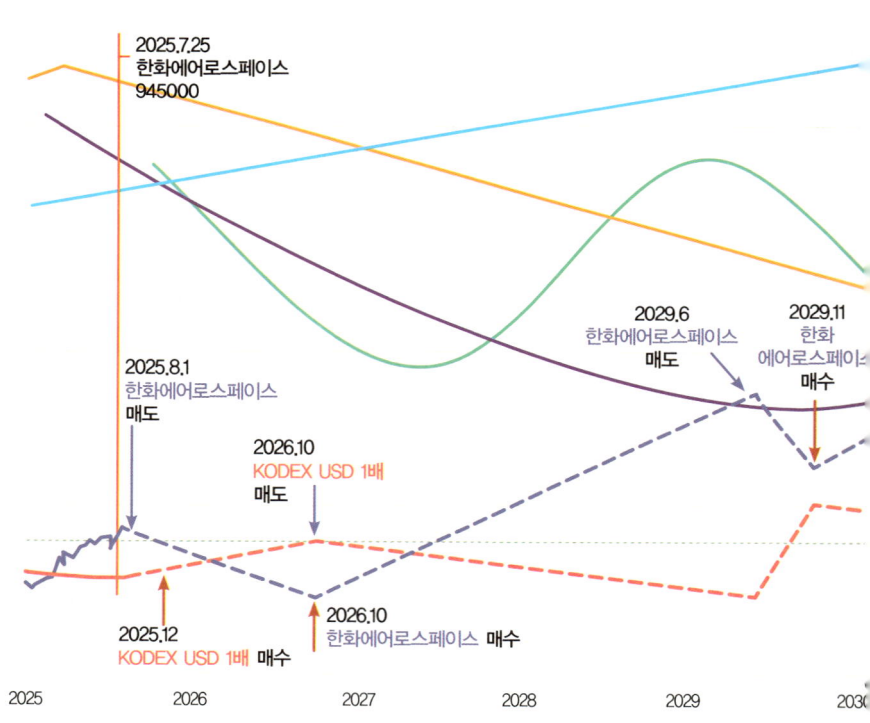

※ 표시 시기는 이해를 돕기 위한 이미지이고, 당연히 오차가 있으니 주의바랍니다.

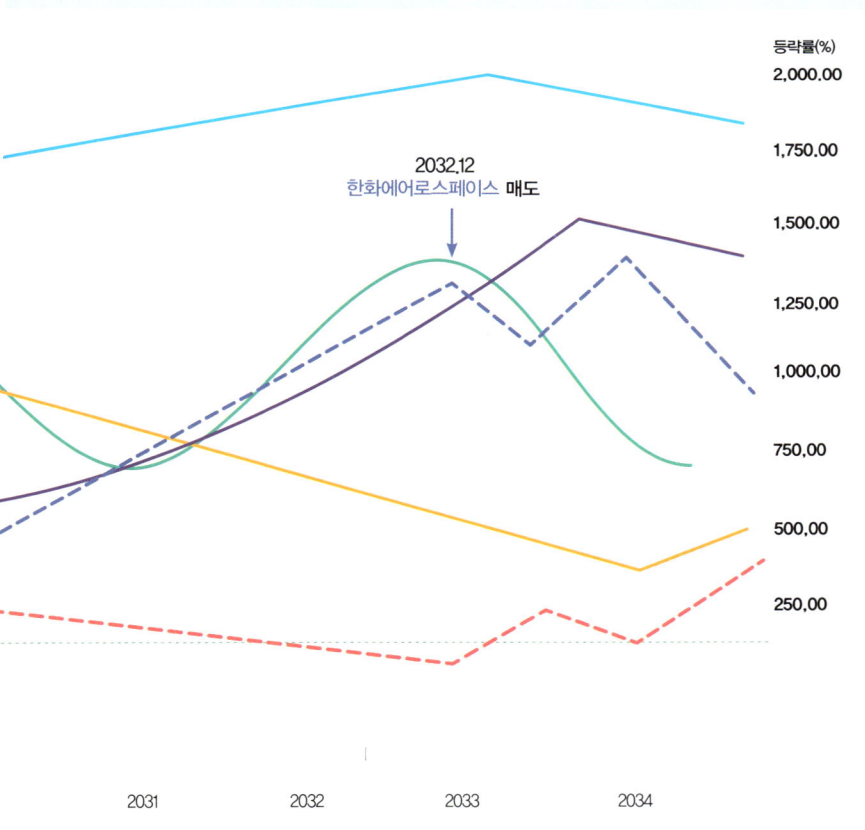

한화에어로스페이스(012450)와 KODEX USD FUTURES(261240) 조합 실전 투

투자 종목 및 매매	매매 타이밍	주가	누적 잔고 샘플(천 달러)
한화에어로스페이스 매도	2022.1.3	55482	100
KODEX USD 1배 매수	2022.1.3	10565	100
KODEX USD 1배 매도	2022.10.12	12735	120
한화에어로스페이스 매수	2022.10.12	63646	120
한화에어로스페이스 중간 시세 점검	2025.7.25	945000	1781
한화에어로스페이스 매도	2025.8.1	-	-
KODEX USD 1배 매수	2025.12(예측)	-	-
KODEX USD 1배 매도	2026.10(예측)	-	-
한화에어로스페이스 매수	2026.10(예측)	-	-
한화에어로스페이스 매도	2029.6(예측)	-	-
한화에어로스페이스 매수	2029.11(예측)	-	-
한화에어로스페이스 매도	2032.12(예측)	-	-

일지

비교
키친 천장, 금리 인상 2개 사이클 하락급(브론즈 사이클)
불경기 돌입 직전 달러 매수
달러 천장 부근 산등성이 탈 때 매도
진바닥 잡는 노하우에 의함, 키친 바닥 1년 전 매수
시세 점검
매매 타이밍은 예측 날짜, 정확한 날짜는 본서 천장 잡기 비법 참고 3개 사이클 하락(실버 사이클), 이 시기 MACD 역배열 시 완전 매도
불경기 돌입 직전 매수
천장 부근 산등성이 탈 때 매도
다이버전스 출현 등 기계적 중타 시그널 참고
다이버전스 출현 등 기계적 중타 시그널 참고, 이 시기 MACD 역배열 시 완전 매도
2029.11 키친 사이클 천장 반년 후
향후 정밀 업데이트 예정, 콘드라티예프 천장 시기가 유동적이기 때문

미국 주식과 비교해서 한국 주식 터닝 포인트가 최근 평균 반년 정도 빠른 경향이 있으나 이는 절대적이지는 않다. 2025년 사이클은 중국의 부진과 탄핵 사태로 주가 천장이 밀려서 미국 주식 천장과 비슷하게 가고 있다. 다소 차이가 있으나 심플하게 나스닥과 동일한 매매법을 그대로 적용하여 비교한다. 즉 미국 키친 사이클 천장에서 매도한다. 오차가 있으니 참조만 바란다. 한화에어로스페이스가 이번에 많이 올랐으니 그만큼 많이 내릴 수도 있다. 오른 것은 내리니 조심하고 전망과 밸류를 평가하자. 각 미국 키친 사이클 천장에서 매도하고 폭락하고 나서 매수한다.

SK하이닉스(000660)와 KODEX USD FUTURES(261250) 2배 조합 실전 투자 모델

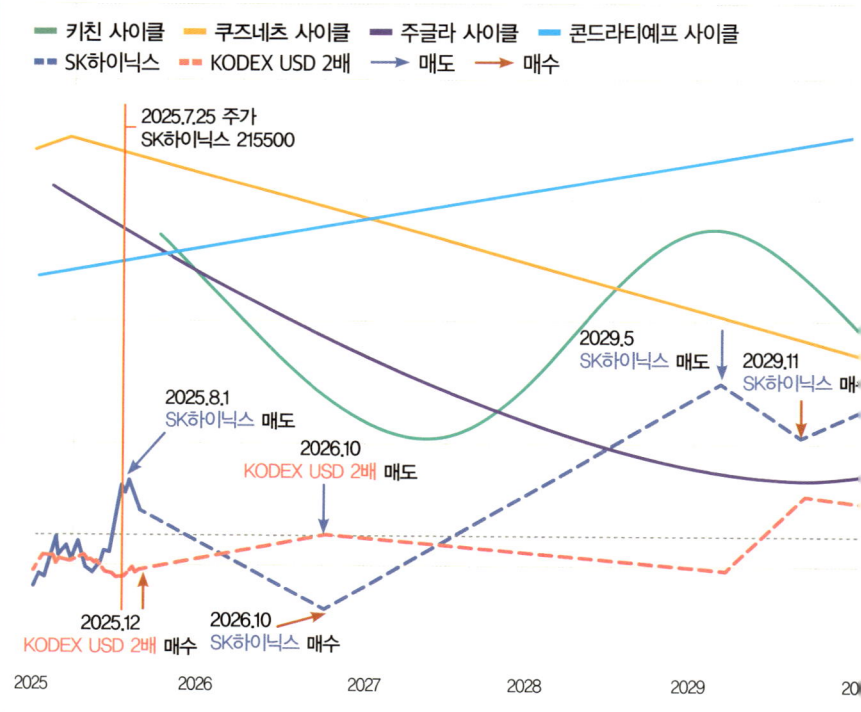

※ 표시 시기는 이해를 돕기 위한 이미지이고, 당연히 오차가 있으니 주의바랍니다.

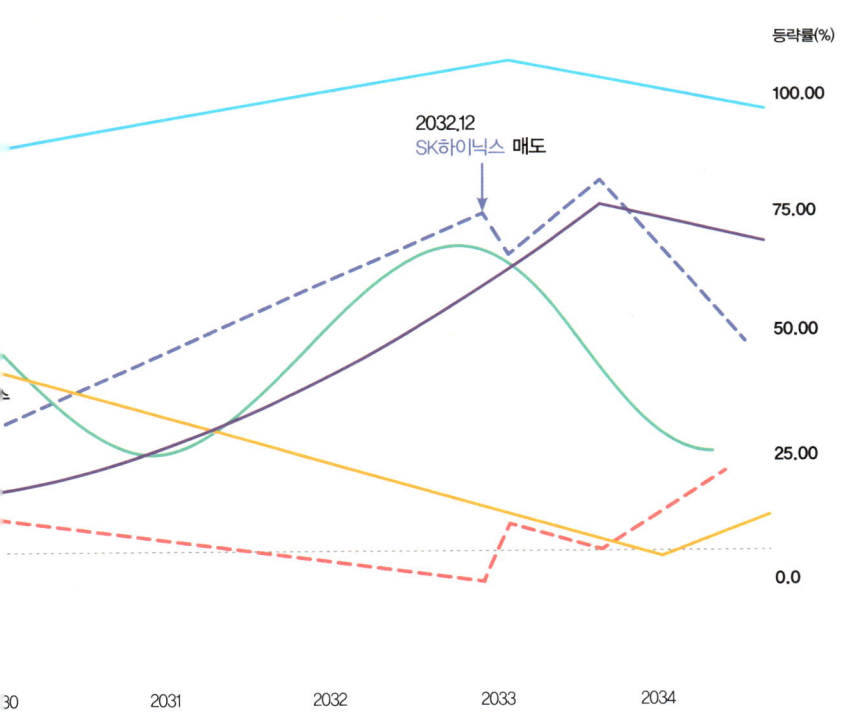

SK하이닉스(000660)와 KODEX USD FUTURES(261250) 2배 조합 실전 투자 일

투자 종목 및 매매	매매 타이밍	주가	누적 잔고 샘플(천 달러)
SK하이닉스 매도	2022.1.4	129500	100
SK하이닉스 매수	2022.10.12	91000	100
SK하이닉스 중간 시세 점검	2025.7.25	215500	236
SK하이닉스 매도	2025.8.1	-	-
SK하이닉스 매수	2026.10(예측)	-	-
KODEX USD 2배 매수	2025.12(예측)	-	-
KODEX USD 2배 매도	2026.10(예측)	-	-
SK하이닉스 매도	2029.5(예측)	-	-
SK하이닉스 매수	2029.11(예측)	-	-
SK하이닉스 매도	2032.12(예측)	-	-

비고
키친 천장, 금리 인상 2개 사이클 하락급(브론즈 사이클)
진바닥 잡는 노하우에 의함, 키친 바닥 1년 전 매수
시세 점검
매매 타이밍은 예측 날짜, 정확한 날짜는 본서 천장 잡기 비법 참고 3개 사이클 하락(실버 사이클), 이 시기 MACD 역배열 시 완전 매도
다이버전스 출현 등 기계적 중타 시그널 참고
불경기 돌입 직전 매수
달러 천장 부근 산등성이 탈 때 매도
다이버전스 출현 등 기계적 중타 시그널 참고, 이 시기 MACD 역배열 시 완전 매도
다이버전스 출현 등 기계적 중타 시그널 참고
향후 정밀 업데이트 예정, 콘드라티예프 천장 시기가 유동적이기 때문

초판 한정
버핏2배랩의 부의 사이클을 경험해 보세요!

네이버 프리미엄콘텐츠
주식 투자 No.1 버핏2배랩
1개월 무료 구독권 (버핏2배랩 최초 구독자 한정)

• 사용 방법 •

- **STEP 1** 옆의 QR 코드를 스캔한다.
- **STEP 2** 네이버 아이디로 로그인한다.
- **STEP 3** 아래 쿠폰 번호를 입력한다.

『천장 바닥 매매 비법』
버핏2배랩 1개월 무료 구독 쿠폰 번호

7C8ADGCR

[유효 기간] 2025년 8월 4일~2026년 8월 3일